読みなおす日本史

日蓮

殉教の如来使

田村芳朗

吉川弘文館

はしがき

日蓮が生れたのは承久の乱（一二二一）の翌年であり、なくなったのは弘安の役（一二八一）の翌年である。承久の乱は古代王朝から新興武士への政権移動を決定的ならしめた争乱で、日本歴史の一つの節をなす事件である。弘安の役は文永の役に続く蒙古の襲来で、蒙古帝国の世界制覇の一環をなす世界史的な事件である。承久の乱から弘安の役にかけての、このような内外激動の時代に日蓮は生をうけ、しかも武家政権のあった鎌倉を布教の拠点とすることによって、日本と世界のあい重なる歴史の激流をまのあたりにし、そのまっただ中へ人生の船をこぎだしていったのである。

この激しい時代の動きや歴史の流れにそって展開していった日蓮の人生は、当然のことながら、波乱に満ち変化に富むものとなった。それに応じ日蓮の風貌も変転し、思想も変動していった。そのため、古来、日蓮にたいし両極の評価が種々な形でおきるにいたった。たとえば、日蓮を国家主義者とみなし、日蓮の仏教は国家内にとどまると評する者がある。いっぽう日蓮を世界主義者とみなし、国家超越的な面に日蓮の真髄を見いだす者もいる。また、日蓮を非情・尊大な人物と評する者があるとともに、いっぽうでは、日蓮こそ憐情こまやかな人物と見る者もいる。こうして、諸種の日蓮批判がおこり、それと並んで、種々の日蓮信奉ないし賛仰も盛んとなった。

しかし、日蓮にたいする批判・賛仰のいずれを問わず、日蓮の一面しかとらえていない場合が多い。過去に著わされた日蓮伝記ともなれば、日蓮を賛美するあまり、しばしば誇張や潤色が見られ、かえって誤解を招く結果となっている。ここに、改めて日蓮の一生を公正な立場から全体的に見なおす必要が生じてくる。幸い、日蓮には論書や手紙など、多数の遺文が存在している。真蹟や古写本など、確実な遺文も数多く現存している。これらの遺文をもとにして伝説と史実を選別し、掛け値のない日蓮の生涯や思想を明らかにし、日蓮の実像を描きだすことが可能である。

日蓮には、他の祖師たちと違って、一生をかけた大著というものはない。大著がないのは、席あたたまることなく次から次へと押しよせた人生の荒波と苦難が、大著に取りくむ時間と余裕を与えなかったからである。そのかわり、数としては世界的記録といってもいいほど、多数の短篇が存する。それらは、波乱に満ちた日蓮の生涯の一歩一歩のしたたりであり、一刻一刻のリズムをかなでたものである。これらの遺文を余すところなく駆使することによって、日蓮の生涯は明らかにされてくる。本書では、そのつど日蓮遺文をあげ、確かな事跡・論説の解明に努めたゆえんである。

なお、日蓮遺文のなかでも、手紙文には美文調とさえ思われるほどの名文が数多く見いだされる。それらは、中世文学の一ジャンルをなすものといっても過言ではない。現代では難解なものとなってはいるが、その名文の味をこわさないよう、原文そのままを掲げ、読者の熟読玩味に待つことにした。

手紙の多くは人生についての教書といってもいいもので、特に人間の愛の交わりや愛する者との死別の悲しみについて、情感あふれるばかりのことばで文章がつづられており、読む者の心を打ってやまない。

また著者としては、できるだけ客観的・実証的に日蓮伝を書き記し、まま見うけられる日蓮にたいする誤解や曲解を洗いおとして、公正な日蓮観を生みだすことを念じ、あえて数々の日蓮遺文を原文のまま掲載した。この点についても、読者の了承を乞う次第である。

心の支えが見失われるにいたった現代、鎌倉新仏教の祖師たちにたいする再検討・再評価の声が高まりつつある。特に日蓮については、人生の指針となることばが驚くほど多い。誤解や偏見を捨てて、虚心坦懐に見なおす必要があろう。いうなれば、現代における日蓮の再発見である。それに本書が少しでも役だてば、著者として幸い、これにすぎるものはない。

日蓮遺文の掲載のしかたについては、完全に真蹟の残っているものは「真蹟」、断片的に残っているものは「断真」、かつて真蹟の存していたものは「曾真」と注記した。「曾真」のすべては、明治八年の身延の大火で焼失したものである。それから原文が漢文体のものは、現代かなづかいで読みくだし文に直した。そのさい、亦・非・可・也などは、かな書きにした。原文が和文体のものは、そのままにしたが、ルビは現代かなづかいで付け加えた。また、読みやすくするために、刊本以上に漢字を注記し、句読点を施した。

本書の一部は、もとＮＨＫ教育テレビの「宗教の時間」で放送したもので、発刊にさいしては、日本放送出版協会の臼居利泰氏から並々ならぬ尽力をいただいた。また真蹟遺文・写真・絵巻物等については、関係方面から多大の便宜を賜わった。ここに、あわせて感謝の意を表する。

昭和五十年九月一日

田村芳朗

目次

I　真実一路の旅

日蓮の誕生　日蓮は、承久《じょうきゅう》の乱の翌年にあたる承久四（一二二二）年に生まれた。この年は、四月十三日に貞応《じょうおう》元年と改められている。日蓮の伝記として、最も古いと考えられる大石寺《たいせきじ》の日道（一二八三―一三四一）の『御伝土代《ごでんどだい》』を見てみると、「貞応元年二月十六日タンジヤウナリ」と記されている。二月十六日が正しいとすると、和年号のほうは厳密には承久四年としなければならない。その点、貞応元年という記載は問題をはらむ。しかし、改元の年号で呼ぶこともあるから、やかましくいわないとして、どこから二月十六日という月日をわりだしたかは、不明というほかない。

日蓮遺文の『法華本門宗要鈔』（六十一歳）にも、「貞応元年壬午二月十六日」に生まれたと記されているが、日道と同門の日代は、すでに延文五（一三六〇）年に本書を「一向《いっこう》聖作にあらず、偽書なり」（『法華宗要集事』）と断じている。ともあれ、これらの文献から、日蓮没後五十年ごろには、二月十六日誕生説が既にできあがっていたと思われる。なお、誕生日を二月十六日としたのは、日蓮を釈《しゃ》迦《か》の再誕と見たてたからだとの推測も、一部でなされている。というのは、二月十六日は釈迦入滅の翌日にあたるのであり、日蓮自身は、だれにもまして釈迦に直結することを強調したからである。その推測の当否は別として、いちおう、うがった解釈であることは認めてよかろう。

日蓮の生まれた年は、法然の没後十年、栄西の没後七年にあたり、親鸞は五十歳で、常陸《ひたち》の国を中心に布教中であり、道元は二十三歳で、入宋留学の前年にあたる。日蓮がなくなったのは、第二回の蒙古襲来（弘安の役）の翌年、すなわち弘安五（一二八二）年の十月十三日である。この年は、ちょうど親鸞の没後二十年にあたり、また道元の没後二十九年にあたる。年代からすれば、日蓮は鎌倉新仏教の舞台上に現われた最後の人物といえよう。

もちろん生没年代によるなら、時宗《じしゅう》念仏の祖の一遍（一二三九―一二八九）が最後的人物としてあげられるが、一遍の念仏は実際には南北・室町時代に比重がかかったものである。そういうわけで、日蓮をもって鎌倉新仏教のしめくくりと考えて、大過はなかろう。その日蓮に残された道は、諸宗を結集・統合し、結集・統合された力でもって社会・国家を規制し、時代・歴史を変革し、ひいては世界の仏国土化をはかるにあった。日蓮における予言者的性格は、ここに、その源の一端を見いだすことができよう。

ただし、親鸞・道元・日蓮の三師は、たがいに出あうこともなく、また知りあうこともなかった。したがって、日蓮が諸宗の結集・統合を意図したのは、親鸞や道元のことを知っての上ではなく、いわば日蓮が位置した時代・社会の要請によるものである。それが、たまたま親鸞や道元をも含めた鎌倉新仏教の諸宗、おおげさないいかたをすれば、形態・思想の両面にわたって仏教全体を総合し、しめくる結果となったと考えられる。

日蓮は、時代・社会ないし国家の動静と常に一体となって歩みを進めていった。新興武家政権のあった鎌倉に布教の根拠地を置いたこと、その鎌倉を中心として未曾有の天災地変が続出したこと、また国家権力によって数度の弾圧を受けたことなどが、いやおうなしに日蓮を時代・社会ないし国家の動静に結びつけ、それにたいして発言させることになったのである。これがまた、日蓮をして警世の予言者たらしめたのである。なお、日蓮が予言者的な性格をおびるにいたったことについては、かれの生まれた家がらや育った環境も、あわせ考えねばならない。

漁夫の出身　日蓮が後年、述懐するところによると、かれは房州東南端の小湊《こみなと》に、まずしい一漁夫の子として生まれた。いま、それについての日蓮のことばを年代順に列挙すると、

「日蓮は安房《あわ》の国東条片海《かたうみ》の石中《いそなか》の賤民が子也。威徳なく、有徳《うとく》のものにあらず」（『善無畏三蔵鈔』四十九歳）

「日蓮は日本国東夷東条安房の国、海辺の旃陀羅《せんだら》が子也」（『佐渡御勘気鈔』五十歳）

「日蓮今生《こんじょう》には貧窮下賤《びんぐげせん》の者と生れ、旃陀羅が家より出《いで》たり。心こそすこし法華経を信じたる様なれども、身は人身《にんしん》に似て畜身也」（『佐渡御書』五十一歳）

「日蓮は東海道十五ケ国の内、第十二に相当る安房の国長狭《ながさ》の郡《ごおり》東条の郷《ごう》、片海《かたうみ》の海人《あま》が子也」（『本尊問答鈔』五十七歳）

「日蓮は中国都の者にもあらず、辺国《へんごく》の将軍等の子息にもあらず、遠国《おんごく》の者、民が子にて候」（『中興入道御消息』五十八歳）

などがあげられる。

右の文中に見える旃陀羅《せんだら》とは、梵語チャンダーラ（caṇḍāla）の音写語で、屠殺者《とさつしゃ》などと訳され、インドでは最低階級の奴隷にも入らないアウトカースト（階級外）の賤民をさす。その賤民が町を行くときには、人びとが触れてけがれることのないよう、鈴をふり、割り竹を打ちならして歩かせたという。いわゆる、アンタッチャブル（不可触賤民）である。インドでは階級の別がきびしく、最高階級のバラモン（婆羅門）は、その純血性を守ろうと努め、異種の階級間の結婚を禁止した。特に最低階級のシュードラ（奴隷）出身の男性とバラモン貴族出身の女性との間にできた子どもは、階級外に落された。これが、すなわちチャンダーラ（旃陀羅）である。

ちなみに、インドにおいて階級の打破をさけんだのは、ほかならぬ仏教であった。原始経典に、「結髪・族姓・素性《すじよう》によって尊貴なのではない。真理と法のある者こそ浄福であり、尊貴である」（『法句経』三九三）と説かれたところである。そういうことで、釈迦の教団においては階級の別は問われず、すべて平等にシャーキヤ・プトラ（sākya-putra 釈子）と称せられた。仏教は一時、インドから姿を消したが、近年になって、賤民視されたアウトカーストの人びとが自由と解放をさけんで仏教に転宗し、三百万ほどの仏教徒ができている。日蓮は、そのような不可触賤民とさえ蔑視されたアウトカーストの旃陀羅に、みずからの出身をあてたのである。

日蓮が漁夫の家に生まれたことは事実として、それを下賤な旃陀羅の出身と説いたのは、漁夫が当時の日本において賤民視されたからであろう。しかし、いささか誇張的な感も受ける。おそらく権力による弾圧が契機となって、大いに反骨精神をたかぶらせた結果の産物であろう。また、超俗・反権の精神の現われともいえよう。

『佐渡御勘気鈔』では、「旃陀羅が子也」に続けて「いたづらにくち（朽）ん身を、法華経の御故に捨《すて》まいらせん事、あに石に金《こがね》をかふるにあらずや」といい、『佐渡御書』には、「身は人身に似て畜身也」とて自己蔑視を説いているが、流罪等の受難を自己の罪業の結果と受けとめるいっぽう、俗に死して聖に生きるという超俗の精神、ないし世俗社会において低められた者こそ聖なる宗教の世界では高められた者であるという反権的な価値転換が、そこに見られる。これが、ひいては日蓮を民衆側につかせることにもなったのであって、「民の家より出て頭《こうべ》をそり袈裟《けさ》をきたり」（『妙法比丘尼御返事』五十七歳）、「遠国の者、民が子にて候」（『中興入道御消息』五十八歳）と説くところである。

すべて後年になってからの追懐文は、そのときの心境が作用しており、そこを読みとってかかる必要があるが、ともあれ日蓮が、はるかな房州の、そのまたはてにある小湊に、名もなき貧しい漁夫の子として生まれたということは、そのとおりに受けとってしかるべきであろう。ところが後世の伝記作者は、日蓮の家系を聖武天皇の末裔《まつえい》である三国氏の出としたり、藤原鎌足の子孫に祭りあげたりした。これは、ひいきの引きたおしといわねばならない。右に見たように、後年の述懐ではあるが、民が子であり、賤民の出身であるということを、日蓮は堂々と、むしろ誇らしげに語っており、ここに日蓮の価値の高さがあり、また宗教の真実義が存するのである。それを理解できないで、日蓮を貴族の後裔に祭りあげた伝記作者は、まさに俗物根性をさらけだしたものといえよう。

興味深いことに、低俗野卑なまでに仏教をあざけった国学者平田篤胤《あつたね》（一七七六—一八四三）でさえ、日蓮がみずから旃陀羅が子と宣言したことについて、「何と日蓮は正直な法師ではないか。此を有りのままに書胎《かきのこ》したる処がきついでござる」（『神敵二宗論』）とほめている。そうして、「高貴の胤《たね》であらうと斯《か》やうの賤《いやし》き者で有《あろ》うと、夫《それ》に構《かま》はず、仏徳の至った者を尊ぶが仏道の本意」であり、「仏法に於ては貴賤のへだてはいらぬ」ことでありながら、「その本意を知らず、かれこれと作り系図をして、能《よ》きさまに云なすは、結句《けっく》贔屓《ひいき》のひき倒しと云《いう》ものでござる」と評した。また、日蓮びいきの人は旃陀羅が子ということを聞いて、きもをつぶすかもしれないが、「夫《それ》では未《ま》だ仏道の本意を知らず、日蓮が能《よ》く信ずると云《いう》ものでなく、真の仏法者とは云へぬでござる。これを否《いな》なことに思ふならば、仏法は好《よ》まぬが好い。なぜなれば、斯《か》やうに素性の卑き者でも構はぬのが仏道の本意ではないか」とのべてもいる。篤胤の『神敵二宗論』は、真宗と日蓮宗とが神社不拝を唱えたことにたいして神の敵と攻撃したものであるが、上記のごとき論評に関するかぎりは、当をえたものといえよう。

なお最近にいたって、日蓮は単なる一介の漁夫の子ではないとの説もおきた。その証拠として、東条郷の領主に属する女性「領家《りようけ》の尼《あま》」について、「日蓮が父母等に恩をかほらせたる人」（『清澄寺大衆中』曾真　五十五歳）とか「日蓮が重恩の人」（『新尼御前御返事』曾真　五十四歳）とのべていることがあげられる。このように領家から重恩をこうむるということは、一介の漁夫には考えられないことであって、日蓮の生家は荘園や漁場の管理にたずさわった荘官クラスに属するのではないかというのである（高木豊『日蓮』）。また、日蓮を幼少のときから世話し、後には日蓮の代表的な信徒となった富木《とき》五郎常忍《じようにん》は、下総《しもうさ》若宮の地をおさめていた有力武士であるが、一部では御家人《ごけにん》とさえみなし、そのような有力武士で、しかも日蓮の生地から遠く離れたところに住む富木氏によって日蓮が世話されたということは、日蓮の生家が単なる一介の漁夫ではないことを示しているという（宮崎英修『日蓮とその弟子』）。

さらに前にあげた『法華本門宗要鈔』には、「東条小湊の浦の釣人《つりびと》権頭《ごんのかみ》の子也」と記されており、ここでいう権頭（権守）とは流罪となった貴族・豪族ないし、その子孫をさしたもので、そういうことからも日蓮の生家が由緒《ゆいしよ》ある家がらと考えられるという。

ところで、『法華本門宗要鈔』は日蓮没後五十年ぐらいに成立したものであるが、偽書として、すでに潤色のあることは否定しがたく、また右のごとき推測も、もしそうなら日蓮自身、言及していてよさそうなものであるが、最初に紹介した以外のことは、一言もいっていない。したがって、それは推測の段階を出ないものである。日蓮は、みずからを「旃陀羅が子」とか「貧窮下賤の者」と称したところには、あとからの誇張が感ぜられるとしても、まずしい一介の漁民の子に生まれたということは、そのまま受けとっておいてよかろう。

そのように名もなき一介の民衆の家に生まれたからこそ、俗権に抵抗し、権勢うずまく歴史の流れや社会・国家の動きに警告を発し、平等・平安な仏国土建設をこころざすにいたったのである。一介の「民が子」として生まれたということは、予言者ないし殉教者日蓮に、まことにふさわしいことといえよう。二・二六事件に連坐して処刑された北一輝《いっき》（一八八三—一九三七）は、『支那革命外史』の序文において、「経文に大地震裂して地涌《じゆ》の菩薩の出現することを云ふ」とて法華経の地涌の菩薩にふれ、大地震裂とは「来りつつある世界革命の如き」がそれであり、地涌の菩薩とは「地下層に埋る救主の群」であり、「草沢《そうたく》の英雄」「下層階級の義傑偉人」であると説いたが、それは、まさに日蓮を連想したものと考えられる。

出家の動機　小湊の北、約八キロのところに清澄山《きよすみやま》があり、その山上に、慈覚大師円仁《えんにん》の中興と伝える清澄寺《きよすみでら》がある。清澄寺は、鎌倉時代までは虚空蔵《こくうぞう》菩薩《ぼさつ》を本尊とする天台宗寺院で、日蓮は十二歳のとき、この寺にあずけられ、十六歳のとき、師の道善房《どうぜんぼう》について出家し、是聖房《ぜしょうぼう》と名のった。十二入山・十六出家については、日蓮遺文に「生年十二、同じき郷の内、清澄寺と申す山にまかりて」（『本尊問答鈔』五十七歳）とか、「十二・十六の年より三十二に至るまで二十余年が間、鎌倉・京・叡山・園城寺・高野・天王寺等の国々寺々あらあら習ひ回《まわ》り候」（『妙法比丘尼御返事』五十七歳）などとあることから推定される。

師の道善房についてはたびたび遺文に見えているところであるが、日蓮が出家して是聖房と名のったということは、十七歳のとき、清澄寺で書写した『円多羅義集』の奥書に、書写年月日とともに「是聖房生年十七歳」と自署していることから判断される。ちなみに、『円多羅義集』は智証大師円珍《えんちん》の『授決集』に擬して作られたもので、いわゆる天台本覚思想の最初の文献である。日蓮が清澄で『円多羅義集』を書写したということは、はじめに天台本覚思想を学んだことを暗示するものといえよう。天台本覚思想とは、二元相対的な考えを突破・超越して絶対的一元の世界を窮めつくし、そこから大いなる現実肯定に出てきたもので、仏教のみならず、日本中世界想の諸分野の共通背景となったものである。

なお後世の伝記によれば、十二歳で清澄寺にあずけられたとき、まず薬王丸《やくおうまる》と名づけられたという。行学日朝《ぎょうがくにっちょう》（身延十一世）の『元祖化導記《がんそけどうき》』（一四七八）に、「或記ニ云ク、童体ヲバ、薬王丸ト号スル也」と出ているのが最初である。また、誕生名を善日麿《ぜんにちまろ》と称したという伝説は、江戸時代以降の日蓮伝に見えてくる。また、さきにあげた偽書の『法華本門宗要鈔』（六十一歳）、同じく偽書とされる『波木井殿御書』（六十一歳）には、日蓮の出家が十八歳となっており、その後の日蓮伝みな十八歳説をとっているが、近世末になって、『妙法比丘尼御返事』などによって十六歳と訂正するにいたった。後世の日蓮伝には、日蓮を賛嘆するあまり、しばしば誇張や潤色が見られる。幸い、確かな日蓮遺文が数多く現存しており、それらをもとにして掛け値のない日蓮伝をつづる必要がある。ただし、日蓮遺文にしても、後からの追懐記がほとんどで、それを記したときの心境が作用しており、その点を読みとってかからねばならない。

そこで問題は、一体なぜ日蓮は清澄山に入り、出家するにいたったかということである。日蓮の入山の理由、出家の動機は、その後の日蓮における人生の歩みや思想の進展に大いに関係するものとして、なおざりにできないことがらである。後世の日蓮伝記は信用できない点が多いので、日蓮遺文を中心として見ていきたいと思うが、いまのべたように、日蓮自身、執筆当時の心境で追懐しているため、入山の理由や出家の動機が種々な形で語られており、われわれのほうで、そこを読みとり、整理することが必要である。たとえば、『妙法尼御前御返事』（断真　五十七歳）に、

「夫《そ》れ以《おもん》みれば、日蓮幼少の時より仏法を学び候しが念願すらく、人の寿命は無常也。出づる気《いき》は入る気を待つ事なし。風の前の露、尚譬《なおたとえ》にあらず。かしこきも、はかなきも、老いたるも、若きも定め無き習ひ也。されば先《まず》臨終の事を習ふて後に他事を習ふべしと思ひて、一代聖教《しょうぎょう》の論師・人師の書釈あらあらかんがへあつめて、此を明鏡として、一切の諸人の死する時と並《ならび》に臨終の後とに引き向へてみ候」

とて、幼少のころから人生無常を痛感し、そこで死の解決、さらに臨終にさいしての心がまえを得ようと思い、諸種の経典や論釈を学習したという。この手紙は、実は妙法尼の夫が唱題のうちに安らか

に死んでいったとの知らせにたいする返事で、そこで、臨終にことよせて幼少期を追懐したのである。

妙法尼は日蓮の信者になった女性の一人で、日蓮が五十七歳のとき夫に先だたれたが、その同じ妙法尼に与えられた手紙である『妙法比丘尼御返事』は、同年に今度は妙法尼の兄がなくなったことにたいする慰めの書で、この中では、

「日蓮は日本国安房の国と申す国に生まれて候しが、民の家より出でて頭《こうべ》をそり袈裟《けさ》をきたり。此度《このたび》いかにもして仏種をもう（植）へ、生死を離るる身とならんと思ひて候し程に、皆人の願はせ給ふ事なれば、阿弥陀仏をたのみ奉り、幼少より名号を唱へ候」


とて、生死無常の人生から離脱することをこころざし、幼少の時より念仏を唱えたと追懐している。

当時、念仏は各宗のみならず、一般にも浸透していたのであり、師の道善房も、『善無畏《ぜんむい》三蔵鈔』（四十九歳）によれば、「世間に弘まる事なれば唯《ただ》南無阿弥陀仏と申」していたようである。ともかく、妙法尼にたいする手紙を通してみるかぎりは、日蓮の入山・出家の動機として、人生にたいする無常感があげられることになろう。しかし、右の妙法尼あての手紙は、一つは夫をなくしたことにたいし、いま一つは兄をなくしたことにたいし、痛みと慰めの筆をとったもので、人生の無常や死別の悲しみが主要なテーマとなっている。そういうことで、自分も幼少のときから人生の無常を感じ、無常な人生の超越をこころざしてきたと語り、妙法尼にたいする同情と慰めのことばとしたのである。この点を考慮にいれる必要があろう。

一般に幼少期における出家の動機として、父母との死別や不幸な家庭環境があげられる。たとえば、法然は九歳で仏門に入り、十三歳ないし十五歳のとき叡山に出家するが、地方の有力武士であった父が夜討ちを受けて、非業《ひごう》の死をとげたことが動機といわれる。親鸞は九歳で叡山に出家するが、八歳のとき母をなくしたことが出家の動機とされたり、あるいは父が斜陽貴族の出身であって、そこには生きがいが見いだされず、そのために親鸞をして出家の道を選ばせたともいわれる。道元は十三歳のとき叡山に出家するが、三歳のとき父をなくし、八歳になっては母をなくし、これが道元に人生無常の感をいだかせ、ひいては出家させることになったと伝える。また、道元の生家は上流貴族に属し、その上流貴族にひそむ複雑な家庭事情も、道元の出家に影響していると見られる。

ところで、これら三師と違って、日蓮の清澄入山ないし出家のころは父母が健在であり、育った環境も貧しい庶民の家庭とはいえ、不幸な事件にめぐりあうこともなかったのである。つまり、とりたてて日蓮に人生無常を感じさせるものはなかったということである。したがって、幼少期に人生無常の感をいだかせ、それが日蓮の出家の動機となったとは考えられない。

そこで想像されることは、日蓮は頭がよかったために、親は学問・教育をさずけようと思い、日蓮を清澄にあずけたのではないかということである。そうして、寺では仏教を通して学問を受け、その結果、仏法の道で身を立てようとこころざすにいたったのではなかろうか。つまり、日蓮の入山・出家の動機は、たいへん知的なものであったと思われるのである。

やはり後年の述懐ではあるが、

「幼少の時より虚空蔵菩薩に願を立《たて》て云く、日本第一の智者となし給へと」（『善無畏三蔵鈔』四十九歳）

「生身《しょうしん》の虚空蔵菩薩より大智慧を給はりし事ありき。日本第一の智者となし給へと申せし事を不《ふ》便《びん》とや思《おぼ》し食《め》しけん」（『清澄寺大衆中』曾真　五十五歳）

「幼少の時より学文に心をかけし上、大虚空蔵菩薩の御宝前に願を立て、日本第一の智者となし給へ。十二のとしより此願を立つ」（『破良観等御書』五十五歳）

とて、幼少のときから虚空蔵菩薩に日本第一の智者となしたまえと願をかけたとのべており、これは、日蓮の出家求道が知的な真理探究にあったことを傍証するものといえよう。

いったい思想的な観点からすれば、日蓮の生涯を三期に分けることができるが、その中の第一期は天台本覚思想の絶対的一元論ないし現実肯定にのっとって、もっぱら法然の浄土念仏の相対的二元論ないし現実否定の思想に批判を加えた時期であると考えられる。もし、日蓮の出家の動機が人生無常ということにあったとすれば、第一期において、そのような形をとらなかったかもしれない。また、第二期は現実対決ないし現実変革の思想を打ちだし、みずからは予言者的、殉教者的な使徒意識を高めていった時期であるが、もしも日蓮が人生無常を痛感して仏道に入ったとするなら、やはり、このような形をとらず、かわりに人生の無常にたいする諦念を説くか、無常な人生を超越した境地へ人びとを導いたかもしれない。

日蓮の第三期にいたって、はじめてそれが見えてくる。第三期、特に身延退隠からは、現実変革ひいては理想社会の建設を未来の弟子・門下たちに托し、みずからは現実超越の境地にひたっていく。そこから人生無常が浮びあがり、無常な人生にたいする悲嘆と諦念が説かれるようになったのである。

真理の研鑽　十二歳のとき清澄山にのぼり、それより約五年ほどの間、道善房を師として日蓮は仏教の学習に励んだ。そうして、十七歳のころ、仏教についての知識を深めるために、諸宗修学の旅に出かける。

ところで、この諸宗修学の意図についても、出家の動機などと合わせて、いろいろな推測が立てられた。日蓮遺文を見ていくと、およそ四通りのことが考えられる。一は無常な人生からの離脱、二は真仏教の探究、三は時世にたいする疑問、四は諸宗にたいする精通ということである。

一の無常な人生からの離脱ということについては、さきの出家の動機のところで取りあげた『妙法尼御前御返事』(断真　五十七歳)が、ここでも証拠として引きあいに出される。すなわち、「日蓮幼少の時より仏法を学び候しが念願すらく、人の寿命は無常也。……されば先《まず》臨終の事を習ふて後に他事を習ふべしと思ひて、一代聖教の論師・人師の書釈あらあらかんがへあつめ」たとのことばである。しかし、この書は妙法尼の夫の死がテーマとなったもので、その点、割りびきして考える必要のあることは、すでに出家の動機のところで検討したところである。

二の真仏教の探究ということであるが、これについては、『報恩抄』（断真　五十五歳）に、

「世間をみるに、各々我も我もといへども国主は但《ただ》一人なり。二人となれば国土おだやかならず。家に二の主あれば其家《そのいえ》必ずやぶる。一切経も又かくのごとくや有るらん。何《いずれ》の経にてもをはせ、一経こそ一切経の大王にてをはすらめ。而《しか》るに十宗七宗まで各々諍論《じょうろん》して随はず。国に七人十人の大王ありて、万民をだやかならじ。いかんがせんと疑ふところに、一《ひとつ》の願を立つ。我れ八宗十宗に随はじ。天台大師の専《もっぱ》ら経文を師として一代の勝劣をかんがへしがごとく、一切経を開きみる」

と説かれている。仏教に数多くの経典があり、そうして諸宗に分かれて対立しあっていることは、だれの目から見ても、いぶかしく感ぜられよう。そこで日蓮が、いずれが真仏教かとの疑問をおこし、ひいては、それが修学の意図となったということは、また当然のことと思われる。ただ、すでに清澄において、そのような疑問をおこしたということについては、早すぎる感がしないでもない。

というのは、仏教界において諸宗が雑然といり乱れて存することを経験するのは、各地に修学して後のことだからである。なおまた、清澄入山および叡山留学において学んだものは天台本覚思想で、それは諸経・諸宗を絶対的な不二《ふに》・一元の真理の現われとして平等に肯定し、包摂するものであった。日蓮自身、修学後も、しばらくは本覚思想にのっとって諸経・諸宗を包容する考えかたに立っていた。したがって、一経・一宗を最高・真実のものとして選びとり、それによって雑然とした仏教界を統一

しようと意図してくるのは、そうさせる事情が生じてからのことである。こういうわけで、いずれが真仏教かという探究が日蓮の修学の意図であったとは思われない。

三の時世にたいする疑問については、『神国王御書』（真蹟　五十四歳）に、

「仏の加護と申し、神の守護と申し、いかなれば彼の安徳と隠岐と阿波・佐渡等の王は相伝の所従等にせめられて、或は殺され、或は島に放たれ、或は鬼となり、或は大地獄には堕《お》ち給ひしぞ」

「頼朝と義時との御魂・御名・御姓をばかきつけて諸尊・諸神等の御足の下にふませまいらせていのりしかば、いかにもこらうべしとみへざりしに、いかにとして一年一月も延びずして、わずかに二日一日には滅び給ひけるやらむ。……日蓮此の事を疑ひしゆへに、幼少の比《ころ》より随分に顕密二道並に諸宗の一切の経を、或は人にならい、或は我と開き見し」

とて、安徳帝が平家とともに海に没する結果となった寿永の乱や、三上皇が島流しの運命となった承久の乱にたいし、疑問をいだき、それをはらすために諸経や諸宗を研鑽するようになったとのべている。しかし、この書は、真言密教を批判するようになってから後に著わされたものであり、真言の論破を主眼としたもので、その材料として寿永・承久の乱を取りあげたと考えられる。つまり、真言で祈禱したから、京都の朝廷側が滅びたというのが、この書の主旨である。したがって、幼少期に寿永・承久などの乱に疑問をいだき、それを解明するために諸宗研鑽の途についたということは、その

まま受けとるわけにはいかない。

なお、念仏破にもっぱらであった『立正安国論』（真蹟　三十九歳）では、「法然は後鳥羽院の御宇、建仁《けんにん》年中の者なり。彼の院の御事、既に眼前にあり」とて、法然の念仏の流行した建仁年間は後鳥羽院政期で、そういう悪因縁によって、後鳥羽上皇は承久の乱に敗退し、隠岐に流される結果となったとみなしている。ちなみに『立正安国論』を述作したころまでは、世界観としては本覚思想の絶対的一元論を立場としており、その本覚思想には真言密教が中心的な役割を演じている。それゆえ、初期の日蓮においては、真言密教は高く評価されていたのである。

とにかく、日蓮の論説は流動的で、どういう時期、どういう場合に説かれたかを、たえず注意する必要がある。もちろん、根底には一貫したものがあったとは思われるが、時と場合に応じて力点の置きどころや説きかたに変化が見られるのである。そういうわけで、寿永・承久の乱などの時世にたいする疑問の解明が、諸宗修学の意図であったという『報恩抄』のことばは、また、そのとおりには受けとれないといえよう。時代や社会にたいする関心は、潜在的には幼少期から存していたとはいえるが、それが表面に浮びでてくるのは、もう少しあとに待たねばならない。

四の諸宗にたいする精通ということについては、『妙法比丘尼御返事』（五十七歳）に、

「一《ひとつ》の願をおこす。日本国に渡れる処の仏経並に菩薩の論と人師の釈を習ひ見候はばや。又倶舎《くしや》宗・成実《じようじつ》宗・律宗・法相《ほつそう》宗・三論宗・華厳宗・真言宗・法華天台宗と申す宗どもあまた有りとき

く上に、禅宗・浄土宗と申す宗も候なり。此等の宗々枝葉をばこまかに習はずとも、所詮《しょせん》肝要を知る身とならばやと思ひし故に、随分にはしりまはり、十二・十六の年より三十二に至るまで二十余年が間、鎌倉・京・叡山・園城寺・高野・天王寺等の国々寺々あらあら習ひ回り候」

とのべているのが、それにあたるといえよう。この文につづいては、

「一《ひとつ》の不思議あり。我等がはかなき心に推《すい》するに仏法は唯《ただ》一味なるべし。いづれもいづれも心に入れて習ひ願はば、生死を離るべしとこそ思ひて候に、仏法の中に入りて悪しく習ひ候ぬれば、謗法《ほうぼう》と申す大なる穴に堕ち入って……永く地獄をいでぬ事の候けるぞ」

とて、各地に諸宗を習いまわったが、一つの不思議につきあたったという。その不思議とは、どれも同一の真理を説いたものと思っていたのに、なかには誤った道に落しこむものが見うけられるのは、どういうわけかということである。つまり、はじめは諸経・諸宗に精通しようと思って各地を修学してまわったが、そのうちに、どれが真実のものであり、どれが虚偽のものであるかという疑問がおきたことを示している。

いいかえれば、そのような疑問ないし真仏教の探究ということは後年になっておきたもので、修学の当初は、仏教を通して一般的な真理研鑽をこころざし、知識を広めようと思って諸宗兼学の旅に出たということであろう。これが、修学の直接の意図と考えられる。なお、『本尊問答鈔』（五十七歳）に、清澄は「遠国《おんごく》なるうへ、寺とはなづけて候へども修学の人なし」ということばがあり、そこで諸

国に学問・修行に出かけたと説かれている。仏教には諸経・諸宗があることを清澄寺にいるときに、うすうすながら聞き知り、それらを学びたいと思ったが、清澄では不可能なために各地へ修学の旅に出かけたということであろう。

以上から修学の意図を結論づけるなら、それは出家の場合と同様に、きわめて知的な色彩をおびたものであったといえよう。つまり、一般的に真理の研鑽をこころざしたものである。後年になれば意志的な面も見えだし、特に晩年にいたれば情感的な面が顕著となるが、修学期および修学を終えてしばらくの間は知性的な面がおもてに立つ。それゆえにこそ、哲理としては究極的な天台本覚思想をよりどころとしたと考えられる。こうして日蓮は、いわば哲学青年として真理研鑽をめざし、十七歳のころ各地へ修学の旅に出かけたのである。それは、真実一路の旅と称するにふさわしいものであった。

絶対の探究　日蓮は、まず手はじめに鎌倉へおもむいた。さきの『妙法比丘尼御返事』（五十七歳）に遊学地を列挙するうち、鎌倉が最初にあがっているところである。鎌倉の地で、だれについて学んだかは明らかでないが、「先づ浄土宗・禅宗をきく」（『破良観等御書』五十五歳）とか、「法然・善導等がかきをきて候ほどの法門は、日蓮らは十七八の時よりしりて候き」（『南条兵衛七郎殿御書』断真　四十三歳）などのことばから、浄土念仏や禅宗を見聞したと思われる。鎌倉遊学の年限については明らかでないが、二十一歳のとき清澄で著わしたとされる『戒体即身成仏義』という一書があり、これによれば、鎌倉遊学から四年後には清澄にもどっていたことになる。この書は、日蓮の最初の修業論文というべきもので、「安房国清澄山住人　蓮長　撰」とあり、ここに蓮長《れんちょう》という名が見えている。『戒体即身成仏義』をつらぬくものは、一口にいって天台本覚思想で、戒律の問題にことよせて、それを強調している。たとえば、『法華経』の一つ一つの文字は「開会《かいえ》の法門、実相常住の無作《むさ》の妙《みょう》色《じき》にあらずということなし」とて、すべての事物・事象は『法華経』に包摂されて永遠のすがたとなり、そのまま絶対的なものとして肯定されてくるという。ここから、現実の日常生活のほかに戒律というものはなく、ひいては、「凡夫も実には仏也」と説くにいたる。浄土についても、「我等が色心《しきしん》生滅の身即不生不滅也。国土も爾《しか》の如し」「此の国土と我等が身と釈迦如来の御舎利と一つと知る也」「此の国土、我等が身を捨てずして、寂光《じやつこう》浄土・毘盧遮那《びるしやな》仏にて有《ある》也」などと、いわゆる娑婆即寂光の絶対浄土を主張している。

このように、『戒体即身成仏義』が強調するところは不二・絶対の真理ないし世界であって、したがって、そのような思想に適応する真言密教などは高く評価し、反対に相対的二元論を基調とする浄土念仏にたいしては、「浄土宗の日本の学者、我が色心《しきしん》（身心）より外《ほか》の仏国土を求めさする事は、小乗経にもはづれ、大乗にも似ず」などと非難を加えるにもいたっている。ともあれ、この書にみなぎるものは、絶対的な立場からの大いなる人生肯定で、無常・罪悪にたいする悲嘆はいうにおよばず、時代・社会にたいする批判も見られない。要するに、『戒体即身成仏義』は清澄で学んだ天台本覚思想をまとめあげたものといえよう。そのかぎり、鎌倉遊学は、日蓮に特別あらたな考えを加えるものとはならなかったし、また、当時の社会情勢も、日蓮の予言者的な批判精神を発揮させるほどのものではなかったと思われる。この後しばらくは、絶対の真理を求めての旅が続くのである。

日蓮は、さらに見聞を広め、真理を窮めるべく、いよいよ比叡山へと旅だった。二十一歳のころと思われる。当時の叡山は、本格的に仏教を修学しようとする者にとっては、一度は訪れるべき中心的な真理の殿堂であった。そこでは、天台教学のみならず、仏教の諸思想が総合的に研究され、数多くの優秀な学僧が輩出した。法然も栄西も、また親鸞も道元も、はじめはみな、この叡山で修学し、修行したのである。親鸞などは、二十年もの長きにわたって、叡山に身を置いている。日蓮また希望に胸ふくらませながら、叡山の修学僧となった。そうして、叡山を根拠地としながら、暇を見つけては、近辺の有名寺院や代表的な仏教界の人びとをたずね、見聞を広めた。かれの追懐文によると、京都の寺々、三井の園城寺、大阪の四天王寺、それから高野山などを訪れ、習いまわったという。その間、およそ十年もの長期にわたった。

叡山留学中に、だれに面会し、どういう事跡があったかということについては、後世の伝記では、いろいろと紹介しているが、確かな日蓮遺文を通して見るかぎり、くわしいことは不明といわざるをえない。ちなみに、親鸞は京都にもどっていたが、ついに日蓮の知るところとならず、日蓮遺文に親鸞の名はあがらずじまいである。道元については、江戸時代の日蓮伝によると、日蓮は深草に道元をたずねたというが、日蓮二十二歳の寛元元（一二四三）年には道元は越前へ去っており、両者あいまみえる機会はなかったと思われる。道元の名も、日蓮遺文の中にあがっていない。

いっぽう、親鸞や道元の書物のほうでは、日蓮の名また一度もあがっていない。いまでこそ、それぞれ一宗の祖として、だれ知らぬ者もない存在となったが、当時は、名もなき一介の求道者であり、伝道者にすぎず、おたがいに知りあうこともなかったのである。

ともあれ、日蓮は十年もの間、叡山天台を中心として法華教理および本覚思想を学び、その結果、絶対の探究に一応の終止符を打ち、建長五（一二五三）年、数えて三十二歳のとき、叡山を去り、故郷に帰った。絶対の真理をつかんだ歓喜と確信にみちて、叡山をあとにしたと思われる。

Ⅱ　警世の予言者

故郷を追われる　学業を終え、確信を得て故郷ににしきをかざった日蓮は、その成果を清澄の旧師や旧友たちの前で発表することになった。

後年、身延から清澄寺の人びとにあてた手紙の中に、「虚空蔵菩薩の御恩をほう（報）ぜんがために、建長五年四月二十八日、安房の国、東条の郷、清澄寺道善之房、持仏堂の南面にして、浄円房と申す者並《ならび》に少々の大衆にこれを申しはじめ」（『清澄寺大衆中』曾真　五十五歳）たと記されている。また、門下たちに与えた手紙には、「去《い》ぬる建長五年太歳癸丑四月二十八日に、安房の国、長狭郡《ながさのごおり》之内、東条の郷……此の郷の内、清澄寺と申す寺の諸仏坊の持仏堂の南面にして、午《うま》の時に此の法門申しはじめ」（『聖人御難事』真蹟　五十八歳）たとある。

後世の伝記によると、日蓮は発表の当日にそなえて、一週間ほど三昧堂にこもって心をととのえ、いよいよ当日の早朝、山頂の旭の森に登り、太平洋の朝日に向かって南無妙法蓮華経と唱題したという。これは、日蓮の自負と確信をドラマティックな形で象徴したものである。

当日の正午、日蓮は持仏堂の南面において、人びとに学業の成果と究明した真理について発表を行なった。現在でも、この四月二十八日を記念して立教開宗の日と呼んでいる。やはり後世の伝記では、この日に念仏無間《むげん》・禅天魔・真言亡国・律国賊という他宗折伏《しやくぶく》の「四箇《か》格言」をさけんだことになっているが、日蓮の確実な遺文には、そのことは見えていない。

日蓮が叡山留学において習得したものは、天台本覚思想の絶対的一元論であった。それは、あれとこれという二元相対をこえた不二・絶対の世界を窮めつくしたものである。日蓮は清澄に入山して以来、なにほどか天台本覚思想を学んできたが、叡山において、それを改めて確証するにいたったのである。したがって、帰郷にさいして批判を加えるものがあったとすれば、それは相対的二元論としての法然の浄土念仏にたいしてであった。このことは、さきの『戒体即身成仏義』によっても知られるところである。他の諸宗にたいする批判は、その後の状況変化に応じて順次なされていったものである。

ところで、その念仏批判が日蓮に思わぬ災難をもたらすことになった。当時、その地方を管理していた地頭《じとう》の東条景信が念仏信者であったため、日蓮の念仏批判を聞いて迫害を加えるにいたったのである。東条景信は、清澄寺の僧たちを念仏者にしようと圧力をかけたようで、日蓮が清澄寺の僧たちにあてた手紙の中に、「東条左衛門景信が悪人として清澄のかいしし（飼猪）等をかりとり、房々の法師等を念仏者の所従にしなんとせし」（『清澄寺大衆中』曾真　五十五歳）と記されている。その景信が日蓮に迫害を加えるにいたったとき、旧師の道善房は「心中には不便《ふびん》」（『本尊問答鈔』五十七歳）

と思ったけれども、地頭を恐れて日蓮を清澄寺から去らせたらしい。

ただ、清澄を追われるさい、浄顕房と義城（浄）房の二人の兄弟子は、ひそかに日蓮を守って落ちのびさせた。日蓮は晩年しばしば、そのことを思いだしては感謝の念をささげている。たとえば、旧師の道善房の死去を聞いて、その菩提《ぼだい》をとむらうために浄顕房・義城房の二人にあてた手紙として、『報恩抄』（断真　五十五歳）があるが、その中で、「日蓮が景信にあだまれて清澄山を出でしに、をひ（追）てしのび出でられたりしは、天下第一の法華経の奉公なり。後生《ごしょう》は疑ひおぼすべからず」と賛辞を呈している。また浄顕房にあてた『本尊問答鈔』（五十七歳）では、「貴辺は地頭のいかりし時、義城房とともに清澄寺を出でておはせし人なれば、何となくともこれを法華経の御奉公とおぼしめして、生死をはなれさせ給ふべし」と賛嘆した。

こうして、故郷における第一声は受けいれられず、日蓮は故郷を追われる身となった。聴衆のなかには、かつての漁夫の子がと、いぶかしく思い、あなどりの眼で見た者もあったかもしれない。父母は役人を恐れて、「手をすりてせい（制）」（『王舎城事』曾真　五十四歳）したが、日蓮は態度を変えず、結果は故郷を捨てて落ちのびるはめとなった。

これはちょうど、かのイエスが伝道を開始したときの情景と似たものを感じさせる。イエスの母と兄弟は、イエスを「気が狂った」（マルコ伝三・二一）と思い、家につれて帰ろうとした。故郷では、人びとがイエスの伝道の姿をまのあたり見て、「この人は大工の子ではないか。……これらのことを、

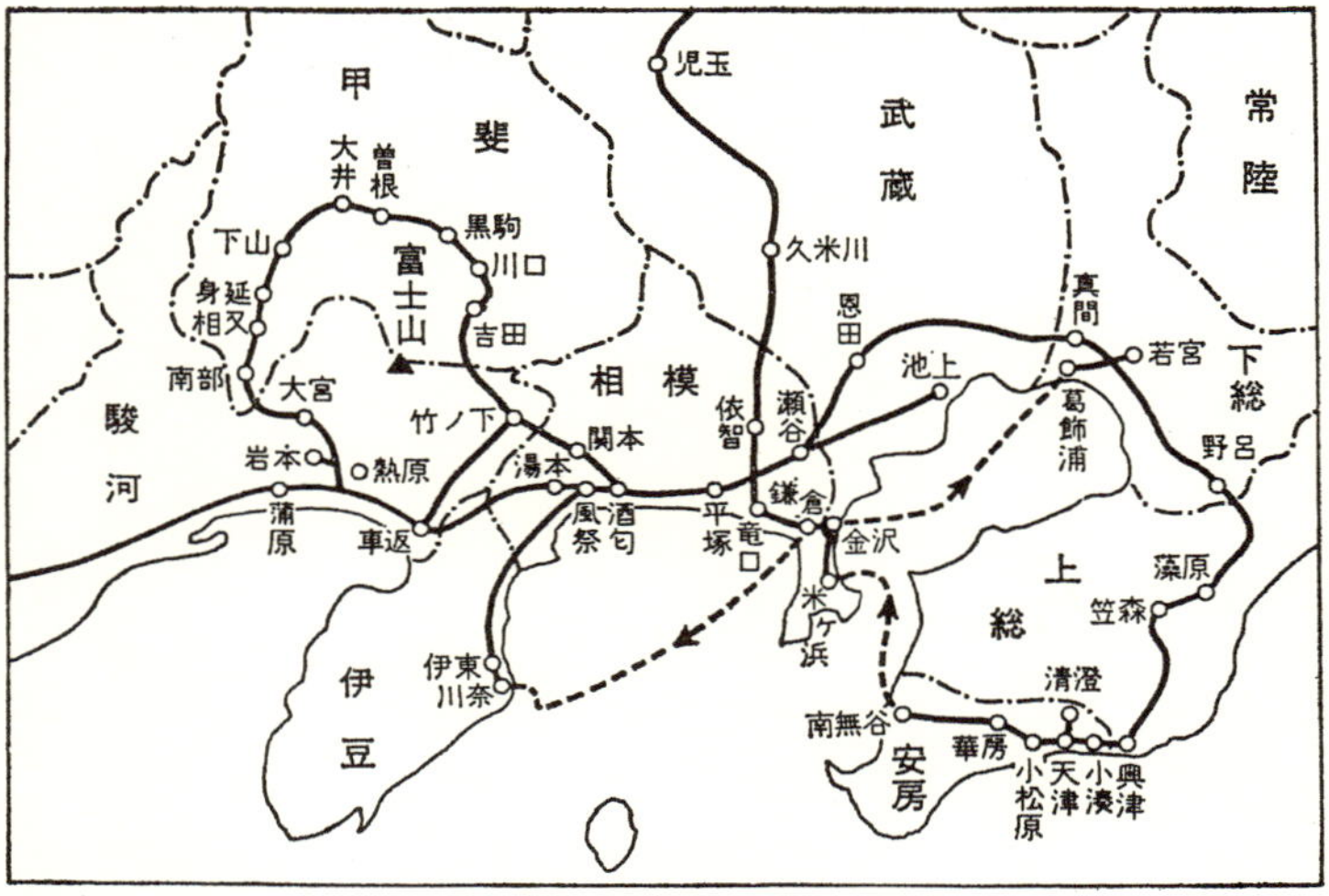

関東を中心とした日蓮の足跡図

どこで習ってきたのか」(マタイ伝一三・五四―五六)といぶかしんだ。そこからイエスは、「予言者は郷《くに》にいれられず」(マタイ伝一三・五七、ルカ伝四・二四等)との嘆きを深くしたのである。日蓮または予言者としてのいばらの道を、その第一歩において、すでにたどるべき運命にあったといえよう。

布教の緒につく　故郷を追われた日蓮は、新興政権のあった鎌倉に向い、そこを布教の根拠地とした。短文ではあるが、十二月九日付の『富木殿御返事』の真蹟が残っており、これが伝えられるように建長五年(一二五三、三十二歳)の筆だとすると、清澄を退出した年の末には、すでに鎌倉にあって布教に従事していたと思われる。

なおまた、そのころには日蓮門下として富木

（富城、土木）氏が存在していたことになる。富木氏は名を五郎常忍といい、下総《しもうさ》若宮（市川市）の地をおさめていた有力武士で、一説によれば、なにかの縁で日蓮を幼少のときから世話していたという。富木常忍は信徒の代表格にあたる人物で、物心両面から日蓮を守りつづけ、日蓮また『観心本尊抄』などの主要書を託し、しばしば手紙も書きおくった。日蓮没後、富木常忍は正式に出家して常修院日常と名のり、日蓮の遺品・遺文の収集・保存に努め、その目録を作成するにいたっている。

なお、右の『富木殿御返事』と翌年の『不動・愛染感見記』（真蹟　三十三歳）には、「日蓮」と署名されており、このころ、名を是《ぜ》聖房《しょうぼう》蓮長から「日蓮」に改めていたと想像される。なにを根拠として「日蓮」と改名したかであるが、『法華経』如来神力品《にょらいじんりきほん》第二十一に菩薩《ぼさつ》に関して、「日月《にちがつ》の光明の能《よ》く諸《もろもろ》の幽冥《ゆうみょう》を除くが如く、斯《こ》の人、世間に行じて能く衆生《しゅじょう》の闇を滅す」と説かれ、従地涌出品《じゅうじゆじゅっぽん》第十五には、「善く菩薩の道を学して、世間の法に染まざること、蓮華の水に在るが如し」とあり、これらの文から「日蓮」という名を合成したものであろう。日蓮遺文の『四条金吾女房御書』（五十歳）には、明《あきら》かなる事、日月にすぎんや。浄き事、蓮華にまさるべきや。法華経は日月と蓮華となり、故に妙法蓮華経と名《なず》く。日蓮又、日月と蓮華との如くなり」とのことばが見えている。菩薩とは、この世に生を受け、人びとと苦楽をともにしながら、しかも、その中にあって真理を開花させ、理想社会を実現しようと努める者のことで、『法華経』では、これを闇に照す日月にたとえ、また泥沼の中にあって、しかも泥に染まることなく美しい花を咲かせる蓮華にたとえたのである。「日蓮」という改名は、そのような菩薩にみずからを擬したものといえよう。ここに、真理に目を輝かせ、理想に心を燃やす若き日蓮の姿が浮びあがってくる。

のちの伝説では、鎌倉の松葉谷《まつばがやつ》というところに居をかまえ、小町の辻に出ては、いわゆる辻説法に励んだといわれる。いずれも日蓮遺文には明示されていないが、鎌倉に住して積極的に布教活動を行なったことは事実で、その結果、次第に有力な弟子・信徒を獲得していった。日蓮はなくなるさい、六人の高弟（本弟子、六老僧）に後事を託したが、その一人の日昭《にっしょう》は天台宗に出家して成弁《じょうべん》と名のり、叡山に留学して名声を博した学僧で、建長五年の冬、鎌倉にきて日蓮の弟子となったと伝えられる。ときに日蓮より一歳の年長で、数えて三十三歳であった。その翌年には、日昭の甥で、同じく六老僧の一人に加えられた日朗《にちろう》（筑後房）が叔父の日昭を介して日蓮の門に投じ、出家して弟子となった。ときに十二歳であったという。日昭は日蓮門下となっても、籍は天台宗に残しておいたためか、日蓮の受難にさいして連坐をまぬがれたが、日蓮によって僧となった日朗は巻きぞえにあい、日蓮の佐渡流罪のときには土牢《つちろう》に幽閉されるにいたった。日蓮は、涙ほとばしる思いで慰めの手紙を書き送っている。

建長八（一二五六）年に改元がおこなわれ、康元元年となるが、このころ、北条氏一門の江馬《えま》（名《な》越《ごえ》）光時の重臣である四条金吾頼基《よりもと》が、池上宗仲《むねなか》および弟の宗長《むねなが》をさそって日蓮に帰信した。かれらは、それまで建長寺の蘭渓道隆《らんけいどうりゅう》について参禅していたと伝えられる。建長寺は、日蓮が鎌倉にきた建長五（一二五三）年に執権の北条時頼が建立し、宋より来日した道隆を開山に迎えたものである。四条金吾、池上兄弟のいずれも信仰と俗縁の板ばさみにあい、苦悩した。すなわち、四条金吾は主君から日蓮にたいする信仰を捨てよとせまられ、池上宗仲は父親から同じく信仰上のことで勘当を受けるにいたっている。日蓮は心いため、みずから代って弁明書を作成するなどして、仲をとりなした。その結果、ことなきをえ、かれらは最後まで信仰の純粋をつらぬくことができた。

康元二年に再び改元されて正嘉《しょうが》元（一二五七）年となったが、このころ、甲州の波木井《はきい》など三地方をおさめていた波木井（南部）実長《さねなが》が帰信した。ただし一説では、翌年ないし数年後に駿河《するが》岩本の実相寺（天台宗）に属する学僧の日興《にっこう》（伯耆房《ほうきぼう》）が日蓮の弟子となり、その日興に波木井実長はつき、それから日蓮の門に入ったともいう。波木井氏は、日蓮の身延退隠にさいして、土地と住居を提供し供養に努めた。日興は伝えるところによれば、日蓮が打ちつづく天災地変・社会不安に疑問を感じて一切経を調べなおそうと思い、正嘉二（一二五八）年、鎌倉を立って岩本の実相寺におもむいたさい、日蓮の徳を慕って弟子となったという。これが事実なら、日興が日蓮の弟子となったのは、十四歳のころということになる。ただし上述のごとく、さらに数年後との異説もある。日興は日蓮の佐渡流罪に随行するとともに、日蓮が身延に隠退してからは駿河《するが》方面に布教し、種々の抵抗を受けながらも教線拡張に努めた。やはり六老僧の一人におされた。

以上のごとく、日蓮の熱心な布教・伝道によって、次第に有力な弟子・信徒ができていき、さらに、かれらの母や妻も日蓮に帰信するようになる。若き男性信徒にたいしては、日蓮は苦難に雄々しく立ちむかい、不惜身命《ふしゃくしんみょう》の信仰に徹するよう、励ましのことばをかけたが、かれらの母や妻にたいしては、女性の心情を思いやり、苦しみ悩みをともにしながら同情の涙をそそぎ、いたわりと慰めのことばをつづった。そのためか、特に女性の信者が日蓮にふえていく。日蓮の性格には柔剛の二面があり、その二面が日蓮においては表裏一体をなしていることを知る。日蓮に帰信した門弟たちの多くは意気さかんな青年たちであり、そのいっぽうで、かよわき女性信徒が数多く見られるところである。

天災地変に思う　ところで布教開始後、数年にして、日蓮は一つの大きな疑問につきあたった。正嘉元（一二五七）年、日蓮三十六歳のころである。

その前後に、鎌倉を中心として各地に天災地変が続出した。それを日蓮はまのあたりに見て、疑問をおこしたのである。そうして、疑問を解くために経典を調べなおすにいたる。いま当時の年号を見てみると、建長八（一二五六）年十月に康元と改号してから、六年のあいだに康元・正嘉・正元・文応・弘長と五度も改号していることを知る。災厄のおきたとき、それを忌みきらって改号する例が多いことから、これは、よほどの天災地変や社会不安が連続的に発生したのではないかと想像される。

そこで、『吾妻鏡《あづまかがみ》』など当時の状況を記録した書物にあたってみると、なるほど天災地変の惨状、目にあまるものが列記されている。大地震・暴風雨・洪水・大火・疫病・飢饉など数かぎりなくおこり、そのために家屋は崩壊し、死者は続出したとある。特に正嘉元年八月二十三日の鎌倉大地震では、神社仏閣一つとして全きはなく、民家は倒壊し、山くずれ、地さけ、さけめからは水わき、ところによっては青い火炎が燃えでたと記されている。

飢饉・疫病で餓死・病死する者も絶えなかったようで、日蓮が文応元年七月に著わした『立正安国論』には、「近年より近日に至るまで、天変地夭・飢饉疫癘、遍《あまね》く天下に満ち、広く地上に迸《はびこ》る。牛馬巷《ちまた》に斃《たお》れ、骸骨路《みち》に充《み》てり。死を招くの輩《ともがら》、既に大半に超え、之を悲しまざる族《やから》、敢《あえ》て一人もなし」と嘆じている。親鸞もまた、文応元年十一月十三日づけの手紙の中で、「なによりも、こぞ・ことし、老少男女おほくのひと〴〵の死《しに》あひて候らんことこそ、あはれに候へ」と悲嘆した。

このような天災地変や社会不安を目の前にして、日蓮は心に大きな疑問をおこすにいたる。当時、仏教は盛んに信奉され、いろいろと祈禱や行事が営まれ、慈善事業も行われたにかかわらず、災害がやまないのはどうしたわけか。これが、日蓮にとって疑問となったのである。仏教は世を救うものでなくて、なんの意味があろう。その仏教が盛んに信奉されながら、どういうわけで世の災害はしずまらないのか。それは仏教の信奉のしかたに、どこかまちがいがあるのではないか。こうも、日蓮は思った。

以上のごとき疑問と思いを携えて、日蓮は仏教の原点に立ち帰り、いま一度、研究をやりなおすにいたるのである。

伝説によれば、正嘉二年正月六日、駿河岩本の実相寺におもむき、そこにこもって一切経をひもといたというが、日蓮遺文には、そのことは語られていない。しかし、『安国論御勘由来《ごかんゆらい》』（真蹟　四十七歳）に続発した災害をあげつつ、「日蓮、世間の体を見て、粗《ほぼ》一切経を勘《かんが》う」といい、そのほか、「此等の災夭に驚きて、粗《ほぼ》内典五千・外典《げてん》三千等を引き見る」（『下山御消息』断真　五十六歳）、「是はいかなる事ぞと経論を引き見候」（『妙法比丘尼御返事』五十七歳）などのことばが見えており、諸経・諸論を調べなおしたということは、事実と認められる。天災地変・社会不安にたいする疑問、その疑問の解決を求めての仏教の再研究、これは日蓮にとって一種の出なおしを意味したといえよう。事実、日蓮の日蓮たる面目は、ここから発揮され、日蓮独自の新仏教運動は、ここから開始される。したがって厳密には、いわゆる立教開宗も、この時点まで下げるべきであろう。

立正安国を叫ぶ　日蓮は打ち続く天災地変や社会不安にたいする疑問を解決すべく、ひきこもって仏教の諸経論から仏教外の書物にまで目を通した。その結果、疑問は氷解するとともに、一つの確信をつかむにいたった。その確信に基づいて述作されたものが、『守護国家論』（曾真、三十八歳）、『災難興起由来』（断真　三十九歳）、『災難對治鈔』（真蹟　三十九歳）、『立正安国論』（真蹟　三十九歳）の一連の書である。これらの書で、天災地変・社会不安の原因がどこにあるのかを、仏教の経文を例証として明らかにした。そうして、世の中に正しい道理が守られ、政治が正しい理念のもとに行われないかぎり、平安な社会・国家は到来しないことを強調した。

現代からすれば、天災地変は自然現象であって、まちがった思想や理念が影響して天災地変がおきたとの考えは、きわめて非科学的であり、また経典のみならず当時の一般書にも、日蝕や月蝕のごときものまで、不吉な現象として災厄の中に数えいれられていることは、前近代的もはなはだしいといわねばならない。しかしながら、それらを歴史的に記録したものを見てみると、不思議なことに気がつく。それは、社会動乱期に、多くの天災地変が記録されていることである。これは天災地変による災害が単なる自然発生的なものでなく、人為的災害とみなしうる面があることを示すものといえよう。

つまり、常ひごろ災害防止の対策を講じ、民衆の生活安定に心がけないために、天災地変による災害が悲惨をきわめ、ひいては天災地変を大きく浮びあがらせることになるということである。要は政治の問題といえよう。その上、民衆にたいする救済策が、一時しのぎ的な、場あたり的なものに終らないためには、政治に確とした思想がなくてはならない。正しい理念に基づいて、政治がなされねばならない。その点で問われてくるのが、為政者の心がまえである。日蓮が『立正安国論』を当時の政治の実権者に呈したゆえんは、そこにあると考えられる。

いっぽう、日蓮は当時の仏教界にも注文をつけた。すなわち、個々の人びとの魂の救いとしては、それぞれの機根に応じて仏教が諸種ばらばらに存していてもいいだろうが、政治の姿勢を正して社会全体を救うには、強い力が必要であり、その強い力を発揮するには、仏教諸宗の一致統合を必要とするということである。

そこで日蓮は、仏教諸宗の統一をはかり、統一体制の樹立を叫ぶにいたる。社会・国家を災難から守り、安泰ならしめるためには、政治に思想を持たせ、政治理念を正すことが必要であり、また宗教界としては統一体制のもと、力を結集する必要がある。これが日蓮のつかんだ確信であった。そうしてその確信に最も適応したものとして、日蓮は改めて『法華経』を高くかかげるにいたるのである。『法華経』は、方便品《ほうべんぼん》第二を中心として一乗妙法《いちじょうみょうほう》という宇宙の統一的真理を説き明かしている。いったい宇宙の事物・事象には、それぞれを支えている理由ないし根拠がある。仏教では、それらをダルマ（dharma　法）と名づけた。合わせては、一切法あるいは諸法と称する。それらは、いわば部分的真理である。『法華経』は、それら部分的真理が根底においては全体一をなしていることを明らかにし、それを一乗妙法と称した。いわば宇宙の統一的真理である。たとえば、心（精神）には心を支える法があり、物（肉体）には物を支える法があるが、それらは根底においては一なるものである。物心一如《いちにょ》とか色心不二《しきしんふに》といわれるところである。

このようにして、すべての事物・事象ないし諸法は、相関係しあって全体一をなしている。全体一をなしているところ、一乗妙法つまり統一的真理が見られる。『法華経』は、その統一的真理のもと、すべては不二・平等であると強調した。すなわち、一乗平等の法の主張である。また、この統一的真理をつかむことによって、それぞれの部分的真理は生かされてくるのであり、したがって一部分・一分野に固執することなく、まず統一的真理としての一乗妙法に帰入すべきことを説きすすめた。

中国に『法華経』がもたらされると、この一乗妙法に注目して『法華経』を万善同帰《まんぜんどうき》教と規定するにいたっている。天台大師智顗《ちぎ》にいたると、諸種の経典の教相判釈《はんじゃく》（価値的な配列づけ）をめぐっておきた論争に終止符を打ち、仏教を統一することを試みたが、そのさい、統一的真理を説き明かした『法華経』を最高の位置にすえた。日本においては、伝教大師最澄《さいちょう》が雑然とした奈良仏教界を統一するために、やはり『法華経』を中心とするにいたった。日蓮もまた、仏教の統一をはかって『法華経』を高くかかげたのである。ただし、日蓮の場合は、仏教界が社会・国家にたいする強い規制力を発揮せんがためであった。ここに、日蓮の特色が見られるといえよう。

　文応元（一二六〇）年七月十六日、日蓮は『立正安国論』を前執権の北条時頼（最明寺入道）に、近臣の宿屋左衛門尉《さえもんのじょう》入道を介して進呈した。そのことは、「文応元年庚申七月十六日辰時、屋戸野入道に付し古最明寺《さいみょうじ》入道殿に奏進し了《おわ》んぬ」（『安国論御勘由来』四十七歳）などと記されているところである。日蓮は後年、ことあるたびに『立正安国論』を取りあげた。遺文を通して調べてみると、約三十回にも及んでいる。代表的なものとしては、文永五（一二六八）年、蒙古の第一回国書到来にさいして北条時宗に再進言した『安国論副状《そえじょう》』（断真　四十七歳）、同年、幕府の要職につく法鑒房《ほうかんぼう》へあてた『安国論御勘由来』（真蹟　四十七歳）、翌年、蒙古の第二回国書到来にさいして『立正安国論』の巻末に付記した『安国論奥書』（真蹟　四十八歳）、文永十一（一二七四）年の蒙古襲来にさいしての『顕立正意抄』（五十三歳）などがあげられる。それらにおいて、『立正安国論』の述作の動機や由来にふれ、また安国論の中で行なった国の将来にたいする予言的警告を取りあげ、その予言が的中したことをのべて、改めて注意をうながした。

そこで、『立正安国論』の要点を見てみると、まず注目すべきことは、主格問答の形式をとっているが、それが「立正」に腰をすえる主（聖）と「安国」に腰をすえる客（俗）との巧みな弁証法的対話をなしていることである。その意図は、安国中心の客人を次第に正法《しょうぼう》中心の主人の立場へ誘導していくにある。たとえば安国に主眼をおく客は、「夫《そ》れ国は法に依《よ》て昌《さか》え、法は人に因《よ》て貴し。国亡び人滅せば、仏を誰か崇《あが》むべき。法を誰か信ずべきや。先《ま》ず国家を祈りて須《すべか》らく仏法を立つべし」とて、仏法の正否はともかく、国を安んずることが第一であり、まず安国の道あれば教示してほしいと申しでた。それにたいして立正に主眼をおく主人は、「謗法《ほうぼう》の人を禁じて正道の侶《りょ》を重んぜば、国中安穏にして天下泰平ならん」「若し先ず国土を安んじて現当を祈らんと欲せば、速《すみやか》に情慮を回《めぐら》し、忩《いそ》ぎて対治を加えよ」とて、国土安穏・天下泰平を欲するならば、遠まわりのようであるが、邪法を破して正法を顕すこと（破邪顕正）が肝要であると答えている。主人にとって、なによりも正法の確立が先決要件で、これが、とりもなおさず日蓮の立場だったのである。

ところが近代になって、日本に国家主義の風潮が高まっていくと、前の「先ず国家を祈りて須く仏法を立つべし」という客のことばを、主人の日蓮のことばとして取りだし、愛国者日蓮の宣伝に使うにいたった。その結果、一般に日蓮は国家主義者であり、日蓮の仏教は国家内の宗教であるとの印象を与えることにもなった。しかし、これは誤解もはなはだしく、日蓮にとっては心外といわねばならない。というのは、日蓮は主人として客の世俗的立場を聖なる宗教の世界にひき上げようとしたものであり、日蓮自身、国家を超越した普遍的な真理（正法）を第一義としたからである。それゆえにこそ、後年になれば、聖なる仏法によって俗なる王法・世法へ対決をいどむにいたるのであり、晩年になれば、俗世のしがらみを断って、聖なる永遠の仏界へと超越してもいくのである。

次に、『立正安国論』の内容であるが、天災地変の続発にたいする疑問で書きはじめられている。すなわち、近年から近日にいたるまで、しばしば天災地変がおこり、飢饉や疫病がはびこり、人間から牛馬にいたるまで死骸が道に累々と横たわり、乞食が巷《ちまた》に群をなすありさまである。それにたいして、諸寺・諸社は祈禱など除災招福の行事を試み、政府は徳政などの救済策を講ずるが、いっこうに効果なく、逆に災害は増すばかりである。日月は変ることなく昼夜を照し、五星は光り輝き、仏法も世に行われ、国王は絶えることなく存続しているのに、どうして、この世の中だけが衰え、無法の状態におちいったのか。こういう疑問が、客のことばとして冒頭にかかげられている。それにたいして、主人は世の中に真実に正しい法が確立しておらず、行われていないために種々の支障をきたし、災害がおこるのであるとのべ、さらに証拠として経典の説を列挙する。こうして、『立正安国論』は展開されていく。

未来を予言する　主人すなわち日蓮は、正法の消えうせたときには国土に種々の災難がおこることを説いた経文を拾い集め、列挙した。そうして、このままでいけば、経文に説かれた最大の難、すなわち他国侵逼《しんぴつ》（他国侵入）と自界叛逆《ほんぎゃく》（自国内乱）の難がおこるだろうと警告した。これが未来にたいする日蓮の予言といわれるものである。のちに、この予言が事実となって現われる。他国侵逼についていえば、文永五（一二六八）年および翌年の蒙古の国書到来、文永十一（一二七四）年および弘安四（一二八一）年の蒙古襲来が、それにあたる。自界叛逆については、文永九（一二七二）年二月の北条時輔《ときすけ》の反乱があげられる。

『立正安国論』では、具体的にどういう事件がおこるということをいっているわけではないが、当時、中国との交流はなされていたのであるから、蒙古の動静に関する情報は、日蓮の耳に入っていたかもしれない。また内乱に関しては、すでに寛元四（一二四六）年五月、北条氏一門の江馬光時が三浦氏などと手を結んで前執権の藤原頼経《よりつね》をかつぎだし、執権の北条時頼の打倒を企てるという事件がおきている。事前に発覚して光時は伊豆に流され、三浦氏一族は翌年の宝治元年に滅ぼされた。日蓮は、そのような内乱の動向を察知していたのではないかと思われる。

そういうわけで、日蓮は確信を持って他国の侵入や自国の内乱を予言したのではなかろうか。ちなみに、前にもふれたごとく、四条金吾の父は江馬光時に仕え、光時流罪には行動をともにした忠節の士で、金吾も父のあとをついで光時に忠節をつくした。光時が今度は北条時輔の乱に連坐したときには、金吾は主君とともに自刃の覚悟をしたといわれる。その四条金吾が、日蓮の信徒であったのである。

ともあれ、文永五年に蒙古の国書が到来すると、日蓮は自己の予言が的中したと考え、『安国論御勘由来』（四十七歳）を著わして政府に再勧告し、翌年の第二回の国書到来にさいしては、『安国論奥書』（四十八歳）を作成し、その中で、「既に勘文《かんもん》、之《これ》に叶《かな》う。之に準じて之を思うに、未来も亦《また》然るべきか。此の書は徴《しるし》ある文なり」とて、『立正安国論』の予言的中を再確認している。なお、『撰時抄』（真蹟　五十四歳）によると、佐渡流罪から鎌倉にもどった文永十一年の四月八日、政府の査問を受けたさい、蒙古襲来の時期をたずねられて、「よも今年はすごし候はじ」と答えたという。事実、十月に蒙古は襲来した。

文永九年二月の北条時輔の乱については、前年の九月十二日、佐渡流罪にさいしての尋問のおり、「只今に自界反逆《ほんぎやく》難とてどしうち（同士打）して、他国侵逼《しんぴつ》難とて此の国の人々、他国に打ち殺さるるのみならず、多くいけどりにせらるべし」（『撰時抄』）とて、他国の侵入とともに自国の内乱がおこり、同士討ちが始まることを注意したといい、それから五カ月後におきた時輔の乱が、これを証することになった。

それについて『顕立正意抄』（五十三歳）に、「去る文永八年九月十二日、御勘気を蒙《こうむ》りしの時、吐《は》く所の強言《ごうげん》、次の年の二月十一日に普合《ふごう》せしむ」という。幕府は日蓮の予言が事実となったことに驚き、佐渡流罪のさいに捕えられた弟子たちを釈放したともいう（『光日房御書』断真　五十五歳）。また、日蓮が佐渡流罪を解かれた原因の一つとして、この内乱にたいする予言の的中があげられるともいう。

すなわち、「日蓮御勘気の時申せしが如く、どしうち（同士打）はじまりぬ。それを恐るるかの故に、又召し返されて候」（『妙法比丘尼御返事』五十七歳）、「科《とが》なき事すでにあらわれて、いゐし事もむなしからざりけるかのゆへに、御一門諸大名はゆるすべからざるよし申されけれども、相模守殿《さがみのかみどの》の御計ひばかりにて、ついにゆり（許）候」（『中興入道御消息』五十八歳）と。

この蒙古襲来にしても、北条時輔の乱にしても、『立正安国論』の述作当時に、はっきりと予知していたわけでなく、また同書に明示されているわけでもない。しかし、なんらかの内憂外患がおこるだろうということは、経典を媒介として予感していたといえよう。そのような予感をいだいたところに、すでに日蓮の予言者的な性格が見られる。ひいては、蒙古襲来や時輔の乱をもって自己の予言の的中と考えるにもいたったところである。

要するに、天災地変や社会不安にたいする疑問から仏教を再検討し、そうして再出発した日蓮は、社会・国家のありかたに心をくばり、時代・歴史のゆくえに目をそそぐにいたる。そこから未来にたいする予言者となり、さらには歴史変革・社会改革に努める仏教者となっていくのである。

現実に期待する　ところで、『立正安国論』の述作のころまでは、日蓮は現実に期待をかけていたといってよい。世界観ないし人生観は、初期の現実肯定的な絶対的一元論が維持されていたということである。したがって、この期においても批判を向けたのは、法然の浄土念仏だけである。ただし、二面から批判がなされるにいたっている。一つは世界観の上からであり、いま一つは形態論の上からである。世界観としては法然の浄土念仏は相対的二元論に立つものであり、初期は、もっぱら、そこに批判が向けられたが、この期においても、その点は変らない。

それに加えて、この期では形態の上からも批判がなされてくる。法然は、諸教にたいして浄土教を別立し、諸行を廃して念仏一行を選びとった。末法・凡夫の機にかなった易行ということで、そのような選択《せんじゃく》・廃立《はいりゅう》を行なったのである。これは、しかし日蓮の意図した仏教統一ということから、そこで、この面からの法然の浄土念仏にたいする批判が、新たに加わるにいたったのである。

『立正安国論』は、主として統一仏教という形態論の上から、法然の浄土念仏に批判を向けた。その前の『守護国家論』は、絶対的一元論の世界観に立って、浄土念仏に批判が加えられている。したがって、思想内容は『守護国家論』のほうが豊富だといえよう。その『守護国家論』を思想内容から見れば、明らかに法然の『選択本願念仏集《せんじゃくほんがんねんぶつしゅう》』に対抗したものであることがわかる。たとえば、法然は『選択集』において、浄土教の称名《しょうみょう》念仏を易行《いぎょう》として選びとり、諸宗・諸行を廃し捨てたのであるが、日蓮は『守護国家論』において、『法華経』の一念随喜・一念信解《しんげ》・初随喜などの説、すなわち一念でも信をおこして喜びを感ずるならば功徳絶大であるという説に基づき、法華信仰こそ易行そのものであると反論した。また、法然は永遠の存在（阿弥陀仏）をわれわれの上に仰ぎ、永遠の世界を現世のかなたに立てて（来世浄土）そこへ生れゆくこと（往生）を説き、臨終には改めて心を正して念仏すること（臨終正念）をすすめたが、日蓮は真の永遠の存在ないし世界は彼此の相対・対立をこえた絶対的なものであると主張し、ひいては一念の信によって、この身このまま仏と一体となり（即身成仏）、ただ今ここで永遠の世界にひたる（常寂光土《じようじやつこうど》、此土《しど》浄土）のであると主張した。すなわち、『守護国家論』に「内心の仏界」「本地久成《ほんじくじよう》の円仏は此の世界に在《いま》せり」「此の経を信ずる人の所住の処は即ち浄土なり」などと説くところである。

法然も日蓮も、ともに永遠への思慕をいだいた。ただ末法濁悪の世に生をうけ、幼くして父の非業の死にあうなどの不幸を経験した法然は、現実にたいし否定的となり、現世のかなたに永遠の世界を対置するにいたった。日蓮は現実への積極的な歩みの見えはじめた時代に生をうけ、幼時の家庭環境も貧しいながら恵まれたものであった。そういうわけで、現実に期待をかけ、希望に胸ふくらませつつ、絶対の真理の探究へと旅だったのである。そうして、現実の当処において永遠・絶対の世界を感得するにいたり、そこから、法然が立てた永遠の世界は現世と相対・対立するものとして、真に絶対的なものとはいえないと評するにいたったのである。

このように現実に期待をかけ、現実の当処に永遠・絶対の世界がつかまれるという考えは、『立正安国論』においても変らず、「汝《なんじ》早く信仰の寸心を改めて速《すみやか》に実乗の一善に帰せよ。然《しか》れば則ち三界は皆《みな》仏国なり。仏国其《そ》れ衰えんや。十方は悉《ことごと》く宝土なり。宝土何《なん》ぞ壊《やぶ》れんや」と説くところである。信仰の寸心を改めて正法に帰したなら、たちまちに世界は仏国土となり、浄土となるとの意である。

日蓮が未来の日本について予言的警告を発したのも、以上のごとく現実に期待するところがあったからである。

『立正安国論』を通しての日蓮の警告は、しかし為政者の耳をかたむけさせるにいたらず、逆に弾圧をもってはね返ってきた。ここから、日蓮の人生に大きな転機が訪れることになる。苦難にみちた人生が、いよいよ日蓮に到来するのである。その苦難が、日蓮をして警世の予言者から殉教・殉難の使徒へと転進させることにもなる。

Ⅲ 殉教の如来使

法難の到来 文応元年七月十六日、日蓮は『立正安国論』に自己の期待と希望を託して時の実権者に呈上したが、聞きいれられず、逆に、文中に見える激しい念仏批判が災して、弾圧を招くにいたった。

伝えるところによると、当時の執権の北条長時《ながとき》および父の重時《しげとき》（極楽寺入道）は念仏に信仰あり、念仏者たちは、それら権力者をバックにして日蓮反撃に出てきたという。日蓮の追懐文によれば、「極楽寺殿はいみじかりし人ぞかし。念仏者等にたぼらかされて日蓮を怨《あだ》ませ給ひし」（『兵衛志《ひょうえのさかん》殿御返事』真蹟 五十六歳）とて、北条重時はりっぱな人物ではあったが、念仏者にたぶらかされて日蓮にあだをなすにいたったという。なおまた、念仏者たちは上下の人びとをかたらって日蓮を襲撃し、殺そうとしたが、うまくいかなかったので、そこで長時は父の心をくみ、日蓮を伊豆に流すにいたったともいう（『妙法比丘尼御返事』五十七歳）。

伊豆流罪中に書かれた『論談敵対御書』（断真 四十一歳）によると、その時分に念仏者との問答もなされたらしく、こういうことが、いっそう念仏者たちを刺激し、いよいよ日蓮にたいする攻撃・迫害が加えられていく。まず、鎌倉の草庵が夜襲された。日蓮は、かろうじてのがれ、下総《しもうさ》の富木五郎の家に難をさけたと伝えられる。小庵が夜襲されたことについては、「夜中に日蓮が小庵に数千人押し寄せて殺害せんとせしかども、いかんがしたりけん、其の夜の害もまぬかれぬ」（『下山御消息』断真　五十六歳）と記されている。下総にのがれたとき、太田乗明《じょうみょう》、曾谷《そや》教信《きょうしん》、秋元太郎などが教化され、日蓮の有力な信者となったと伝えられる。翌年には再び鎌倉にもどるが、ついに捕えられて伊豆流罪となった。捕えられたのは、日蓮が四十歳になった弘長元（一二六一）年の五月十二日で、弘長三年二月二十二日に放免となるまで、約二年間、配流の生活を送ることになる。日蓮みずから、「去《い》ぬる弘長元年辛酉《かのととり》五月十二日に御勘気をかうふりて、伊豆の国伊東にながされぬ。又同じき弘長三年癸亥《みずのとい》二月二十二日にゆ（許）りぬ」（『報恩抄』断真　五十五歳）と語るところである。

伊豆流罪の翌月にしたためられたと伝える『船守《ふなもり》弥三郎許御書』（四十歳）によると、日蓮が船からあがって苦しんでいるところを船守弥三郎なる者が夫婦ともども日蓮を介抱し、人びとが「日蓮をにくみねたむ事、鎌倉よりもすぎたり」という中にあって、しかも五月という米のとぼしくなった時期において、ひそかに日蓮を養ったという。すなわち、「ことに五月《さつき》のころなれば米もとぼしかるらんに、日蓮を内内にてはぐくみ給しことは、日蓮が父母の伊東かわな（川奈）と云ふところに生れかわり給ふか」「夫婦二人は教主大覚世尊の生れかわり給て日蓮をたすけ給ふか」などと感謝のことばがつづられている。

なお同書によれば、当地の地頭《じとう》が一時は日蓮を白い目で見たが、病悩を日蓮の祈禱でなおしてもらい、そこで海中から拾いあげた仏像を日蓮に献じたという。ちなみに、日蓮は生を終るまで釈迦立像を奉持したが、その随身仏は、その地頭が献じた仏像であると伝えている。ただし、『船守弥三郎許御書』にしても、その中の記事にしても、真偽検討の余地が残っている。

また『四恩鈔』（四十一歳）と題せられた一書が存するが、本書は伊豆流罪の翌年の正月に著わしたと伝えられる。その中で、流罪について悦びと嘆きの二つの大事があると説いている。悦びとは、流罪などの受難が信仰のあかしとなったことである。すなわち、この世界を娑婆《しやば》と名づけるが、娑婆とは忍《にん》ということであり、また釈迦《しやか》は人生の苦難を堪え忍んで人びとの救済に努める仏として、能忍《のうにん》と称されるのであり、さらに『法華経』では忍難・殉教の信仰が説き明かされており、いま日蓮が流罪などの苦難にあうのは、仏のまねび、つまり仏にならう者となることであり、『法華経』にかなったことなのである。これは、日蓮にとって大きな悦びであるという。たとえば、「留難《るなん》に値《あう》べしと仏記しをかれまいらせて候事のうれしさ申し尽難《つくしがた》く候」「法華経の故にかかる身となりて候へば、行往坐臥に法華経を読み行ずるにてこそ候へ。人間に生を受《う》け是程の悦は何事か候べき」とのべている。

仏のまねびについては、「某《それがし》は愚癡《ぐち》の凡夫、血肉の身也。三惑《さんなく》一分も断ぜず。只《ただ》法華経の故に罵詈《めり》毀謗《きぼう》せられて、刀杖《くわえ》を加られ、流罪せられたるを以て、大聖の臂《ひじ》を焼き、髄《ずい》をくだき、頭をはねられたるになぞらへんと思ふ。是《これ》一つの悦び也」というところである。そこから、「讒言《ざんげん》の人、国主こそ我身には恩深き人にはをわしまし候らめ」とて、自分を流罪に処した国主に、むしろ感謝の意を表するにいたっている。

ついで大いなる嘆きとは、自分のために、かれらに迫害や悪口などの罪を犯させたことである。『法華経』にも「其《そ》の罪、甚だ重し」とあり、「此等の経文を見るに、信心を起し、身より汗を流し、両眼より涙を流す事、雨の如し。我一人此《この》国に生れて多くの人をして一生の業《ごう》を造らしむ事を嘆く」という。あだをなす者をうらまず、かえって哀れみをかけ、むしろ自分のいたらなさによると自責したものである。

ともあれ、流罪などの苦難は、日蓮の人生に一つの転機をもたらすことになり、また人生観も大きく転換するにいたる。これが佐渡流罪の段階になると、受難にたいする省察が中心となり、ひいては忍難・殉教の使徒意識を高めていくとともに、殉教のはてにおいて帰りゆくべき永遠の世界を志向するにもいたる。ちなみに、『四恩抄』は工藤吉隆に与えたものとされているが、工藤吉隆は房州天津《あまつ》の領主で、四条金吾や池上兄弟と同じころ、日蓮の信者となったといわれる。かれは小松原法難にさいし、日蓮を守って討死したと伝えられる。

変革の思想　『立正安国論』の上呈のころまでは、日蓮は現実にたいし肯定的であり、政治にも期待をかけ、正しい理念のもと理想社会のすみやかな実現を信じていた。しかし、かれの進言は無視され、逆に伊豆流罪をもって遇せられるにいたって、日蓮の希望的観測はくずれ、現実にたいして対決的となり、俗権にたいする抵抗の意識を高めていく。ひいては、歴史主義的・相対主義的なカテゴリーを立てて、変革の論理を構築するようにもなる。

伊豆流罪中に著わされた『教機時国鈔』（四十一歳）および『顕謗法《ほうぼう》鈔』（曾真　四十一歳）に、教・機・時・国・序についての判別、いわゆる「五綱」（五義、五知）判が説かれているのが、それである。すなわち、時代・国情や人間の機根に種々あり、それに応じて教義も種々に説かれてくるのであり、しかも、いま一つの教理・思想を選び説くとして、その前にどういう教義・思想が流布していたかを知っておかねばならない。これが、序（仏法流布の前後）ということである。

歴史の進展、時代の推移、国々の特性、社会の状態、人間の素質、思想の変遷などにおかまいなく、一つの教義・思想を固定化し、絶対視して一律にふりまわすことは、現代のことばでいえば教条主義におちいるもので、それをいましめたのが五綱判といえよう。

これまで日蓮は、普遍的な立場から『法華経』を取りあげてきたが、伊豆流罪を契機として、右の限定的なカテゴリーに『法華経』を盛り、その上で改めて法華思想を説くようになる。すなわち、時代は末法悪世、日本は悪国辺土、人間は劣機鈍根、思想は錯雑混乱であり、ここに『法華経』の流布すべき因縁・次第が訪れていると判断するにいたったのである。このような末世・劣機・辺土という時機土観は、鎌倉時代の祖師たちの多くが共通していだいたものであった。ただ法然などは、そこから現世を放棄して来世浄土に往生することを説きすすめた。それにたいして日蓮は、末法の時代にこそ最高・究極の真理が現われ、最も劣悪な機根を救い、最も濁悪な社会を改めるにいたることを強調した。

日蓮は当時、現実肯定から現実対決へと転じてはいったが、法然とくらべたときには、なお現実への積極的な態度が見られるといえよう。つまり、日蓮における現実対決は現実変革へとおもむくものであり、右にあげた五綱判は変革の論理へと供されるものであった。現実変革とは、現実の社会を改革して理想社会を建設することである。いわゆる、仏国土の建設である。

ところで、右のごとき末世悪国において『法華経』を広めようとするとき、迫害を覚悟しなければならないことは、『法華経』自身が説くところである。ひいては、勧持品《かんじほん》第十三などに忍難捨命の布教が強調されてもくる。日蓮は伊豆流罪を契機として、その部分に目をつけ、『教機時国鈔』などに引用しつつ、一般的な信仰者としての「法華経の持経者」から忍難の布教者としての「法華経の行者」へと転じていく。進んでは、みずから世直しのため、仏国土建設のために末世悪国に生まれきたったとの自覚を持つにいたる。

これに一段と拍車をかけることになるのが、佐渡流罪である。すなわち、佐渡流罪は「法華経の行者」を忍難殉教の使徒の意味へと高めていき、日蓮は天台・伝教の二師をこえて釈迦に直結し、釈迦から直接に末世布教の使命を付与されたとの独立意識をいだくにいたる。そのはしりは、すでに伊豆流罪中に見られるといえよう。というのは、伊豆流罪中に著わされた『教機時国鈔』や『顕謗法鈔』

に、はじめて「本朝沙門　日蓮」という著名があがっており、これは天台沙門からの独立が意識されだしたことを示すものである。

なお、この仏国土建設を浄土ということで表現すると、現実の世界を変革して浄土を具現することを意味する。仏教一般でいえば、「浄仏国土」ということである。さきにもふれたように、日蓮は『立正安国論』述作のころまで、年齢的にいえば三十歳代においては、現実に期待をかけ、ひいては一念の信によって現実の当処に永遠・絶対の境地つまり浄土が感得されることを強調した。それは時間・空間のへだたりを突破・超越した絶対浄土で、積極的にいえば、ただいま、ここにおいて感得される浄土である。

このような絶対浄土について、『法華経』如来寿量品第十六に、「衆生劫《こう》尽きて、大火に焼かるると見る時も、我が此の土は安穏にして、天人常に充満せり」と説かれており、そこから此土《しど》浄土ともいわれるにいたった。時間的にいえば現在浄土と称しうるもので、わかりやすくいえば、ある（在る）浄土ということになろう。ところで、日蓮は伊豆流罪以降の四十歳代になると、現実に批判的、対決的となり、ひいては現実変革を通しての浄土の具現化を意図するようになる。浄仏国土であり、仏国土建設である。このような浄土は、時間的にいえば未来浄土で、わかりやすくいえば、なる（成る）浄土である。現実社会の中に浄土を実際に成就することであり、実現することである。これが日蓮の四十歳代における浄土観であり、それは現実変革の思想から打ちだされたものであった。

ちなみに、佐渡流罪から身延退隠にかけての五十歳代になると、死にたいする覚悟が契機となって、浄土が来世に立てられてくる。死後、帰りゆくべき永遠の故郷として考えられたもので、いわゆる来世浄土である。右のある浄土となる浄土にたいして、ゆく（往く）浄土ということができよう。日蓮は、釈迦の説法場所である霊鷲山《りようじゆせん》の名をとって、霊山《りようぜん》浄土と称した。

以上、日蓮の三時期に応じて浄土も三種が立てられたことを知るが、それらは、矛盾・対立したものではなく、根底においては一つである。それが時と場合によって、三様に表現されるにいたったのである。たとえば、佐渡流罪中に著わされた日蓮の最重要書の『観心本尊抄』（真蹟　五十二歳）に、その三種の浄土が順を追って説かれている。このような三種の浄土については、また項を改めて、くわしく検討を加えることにして、いまは、伊豆流罪中に現実変革の思想に基づいて、なる浄土が主張されたことを指摘するにとどめる。

苦難の帰省　日蓮が伊豆流罪になってまもなく、北条重時が心悩の病にかかり、祈禱によって一時は回復したというが、その年の十一月、ついになくなる。このことが関係あったかどうかは別として、最明寺入道時頼の意見もあって放免されることになったらしく、「最明寺殿計《ばか》りこそ、子細あるかとをもわれて、いそぎゆるされぬ」（『破《は》良観等《りようかんとう》御書』五十五歳）という。弘長三（一二六三）年二月二十二日、四十二歳のときである。時頼にたいしては、なおも日蓮は期待をかけていたようであるが、その時頼も、日蓮が放免された年の十一月に三十七歳の若さで病没した。これを伝え聞いた日蓮は、時頼に呈した『立正安国論』の主張も、ついに無駄ぼねに終ったと感じ、一時は隠世しようかと思ったという。すなわち、「さりし程に、最明寺入道隠れさせ給ひしかば、いかにも此の事あしくなりなんず。いそぎかくるべき世なりとはをもひし」(『破良観等御書』)と追懐している。

伊豆流罪をゆるされて鎌倉にもどったが、その翌年、十年ぶりで故郷に帰省した。父はすでになくなっており、その墓参りをかねてか、あるいは老後の母を慰めるためでもあったと伝えられる。ところが、母は重病の床についていた。そこで、日蓮はひたすら母の回復を祈り、その結果、母は寿命を四年のばすことができたという。後年、「日蓮悲母《はゝ》をいのりて候ひしかば、現身に病をいやすのみならず、四箇年の寿命をのべたり」(『可延定業《かえんじょうごう》御書』真蹟　五十四歳)と述懐するところである。母思いの日蓮が、必死になって母の延命を祈った様子が目に浮かんでこよう。また、人情にあつい日蓮の一面が、そこに見られるともいえる。

日蓮は弾圧や迫害を受けるにつれて、反権・超俗の意識を強くし、殉難・捨命の精神を高めていった。若い男性信徒たちにも、死を覚悟して信仰に徹するよう、叱咤激励した。しかし、その反面において、たとえば重病におちいった者にたいしては、「命と申す物は一身第一の珍宝也。一日なりともこれをのぶるならば千万両の金《こがね》にもすぎたり」「一日もいきてをはせば功徳つもるべし。あらをしの命や〳〵」(『可延定業御書』)などと命のたいせつなことを説きつつ、病気退散を祈念しているのである。また、夫や子をなくした女性信徒にたいしては、限りない痛みと同情の涙をそそぎ、ともに人生無常を悲嘆した。このように、日蓮には非情とさえ思われる面と人情もろい面とが交錯していることを知るのであって、どちらか一面だけを取りあげて日蓮を語ることはできない。

故郷に帰省したとき、旧師の道善房にも会って自己の信念をのべ、改信をすすめたといわれる。日蓮遺文に、「文永元年十月十四日、西条華房《はなぶさ》の僧房にして見参に入りし」（『善無畏三蔵鈔』四十九歳）と記されている。ところで、その年の十一月十一日、天津《あまつ》の領主で、かつて日蓮の信者となった工藤吉隆の招きに応じ、かれの家へおもむくが、途中の小松原《こまつばら》において、日蓮を故郷から追放した地頭の東条景信が部下をひきつれて襲撃を加えてきた。

日蓮を故郷から追放したのは、日蓮が念仏を批判したからであったが、このたびの襲撃には、いま一つ景信の恨みを買った事件が関係している。それは、日蓮が鎌倉布教に出てまもなくのことである。前にもふれたところであるが、東条郷の領主に属する人物に、日蓮の父母たちを世話した「領家の尼」といわれる女性がいた。地頭の東条景信は、その領家の尼の領地を奪いとろうとした。日蓮は報恩の念から領家の尼の味方となり、これを訴訟に持ちこみ、領家の尼を勝訴へ導いた（『清澄寺大衆中』曾真　五十五歳）。このことが東条景信の恨みを一段と買うことになり、小松原の襲撃となったのである。

伝えるところによると、急を聞いてかけつけた工藤吉隆は、日蓮に随行していた門下数人とともに防戦し、ついに吉隆ほか一人が討死し、日蓮は頭に傷を受けるにいたった。これが、東条法難ないし

小松原法難と呼ばれるものである。このときの模様を『南条兵衛七郎殿御書』（断真　四十三歳）に、

「今年も十一月十一日、安房国東条の松原と申す大路にして、申酉《さるとり》の時、数百人の念仏等にまちかけられ候て、日蓮は唯一人、十人ばかり、もの、要にあふものは、わづかに三、四人也。いるやはふるあめのごとし、うつたちはいなづまのごとし。弟子一人は当座にうちとられ、二人は大事のてにて候。自身もきられ、打たれ、結句にて候し程に、いかが候けん、うちもらされていままでいきてはべり」

と語っている。右の文によれば、門下の一人が討死し、二人が重傷をおい、日蓮自身も刀傷を受け、いよいよ最後かと思ったが、かろうじて命びろいしたということになる。のちの『聖人御難事』（真蹟　五十八歳）では、「頭にきずをかほり、左の手を打ちをらる」という。

なお、右の『南条兵衛七郎殿御書』は信徒の南条兵衛七郎の病気にたいする見舞状で、小松原法難の翌月、房総方面へ布教中に七郎の病を聞き、書き送ったものである。「御所労之由承り候はまことにてや候覧。世間の定《さだめ》なき事は病なき人も留りがたき事に候へば、まして病あらん人は申すにおよばず。但し心あらん人は後世《ごせ》をこそ思ひさだむべきにて候へ」という書きだしで始まっているが、病にさいしては、しっかりと死後のことを考えさだめておかねばならないということである。それがためには、「一切衆生の本師にてましまます釈尊の教こそ本にはなり候べけれ」とて、釈迦の教え、特に『法華経』にのっとるべきことをすすめている。

その『法華経』の譬喩品第三には、「今此の三界《さんがい》は、皆是れ我が有《う》なり、其の中の衆生は、悉《ことごと》く是れ吾が子なり。而《しか》も今此の処は、諸《もろもろ》の患難《げんなん》多し。唯《ただ》我一人のみ、能く救護《くご》を為す」という句があり、日蓮はこの句を上記の書に引用しつつ、

「釈迦如来は此等衆生には親也、師也、主也。我等衆生のためには阿弥陀仏・薬師仏等は主にてはましませども、親と師とにはましまさず。ひとり三徳をかねて恩ふかき仏は釈迦一仏にかぎりたてまつる。親も親にこそよれ、釈尊ほどの親、師も師にこそよれ、主も主にこそよれ、釈尊ほどの師主はありがたくこそはべれ」

とて、主師親の三徳をかねそなえた釈迦仏ということを主張した。これは、超歴史的な永遠の釈迦が歴史的世界に応現し、親しく人びとの導師となったことを強調したもので、歴史的現実の重視である。

このような歴史的釈迦の強調は、後年の遺文にも見えており、たとえば『善無畏三蔵鈔』（四十九歳）に、「此釈迦如来は三の故ましまして、他仏にかはらせ給ひて娑婆世界の一切衆生の有縁《うえん》の仏となり給ふ。一には、此娑婆世界の一切衆生の世尊にておはします。……二には、釈迦如来は娑婆世界の一切衆生の父母也。……三には、此仏は娑婆世界の一切衆生の本師也」「釈迦如来は此土《このど》に当り給ふ。我等衆生も又生を娑婆世界に受けぬ。いかにも釈迦如来の教化をばはなるべからず」と説かれ、『祈禱鈔』（曾真　五十一歳）には、「諸仏は又《また》世尊にてましませば主君にてはましませども、娑婆世界に出《いで》させ給はざれば師匠にあらず。又其中衆生《ごちゅうしゅじょう》悉是吾子《しつぜごし》とも名乗らせ給はず。釈迦仏独《ひとり》主師親の

三義をかね給へり」というところである。

日蓮は、初期においては諸仏の統一体として、また時空の限定的なわくを突破し、彼此《ひし》相対をこえた普遍的・絶対的な存在として、永遠の釈迦仏を強調した。たとえば『守護国家論』に、「本地久《ほんじく》成《じょう》の円仏は此の世界に在《いま》せり」と説かれたところである。そこから、阿弥陀仏などは相対的・特殊的な存在であると批判した。しかし中期になると、歴史的現実の重視から、此土有縁《しどうえん》の仏として釈迦を取りあげ、弥陀は他土無縁の仏として退けるにいたるのである。このような歴史主義に立っての論説は、キリスト教と近似したものを感じさせる。通常は同じ救済教ということで、浄土念仏とキリスト教の類似性がいわれるが、予言宗教・殉教精神・使徒意識、加えて歴史主義などの点において、むしろ日蓮の仏教がキリスト教と類比されるものを持っているといえよう。

右のごとき釈迦を通しての歴史主義の主張から、さきにあげた教・機・時・国・序の歴史主義的な教判が『南条兵衛七郎殿御書』に改めて論じられてくる。そうして、有限な、苦難に満ちた現実世界における忍難捨命の実践が説きすすめられてもくる。その実例として、小松原法難のことが書き記されたのである。

小松原法難の記事のあとでは、『法華経』勧持品第十三の「我身命《しんみょう》を愛せず、但《ただ》無上道を惜しむ」という句を引用しつつ、「されば日蓮は日本第一の法華経の行者也」と強い自覚を表明するにいたっている。南条七郎にも死を覚悟して信仰に徹するよう、励ましたが、末尾においては、「但し又法華経は今生《こんじょう》のいのりともなり候なれば、もしやとしていきさせ給候はば、あはれとくとく見参して、みづから申しひらかばや。語はふみにつくさず、ふみは心をつくしがたく候へばとどめ候ぬ」と結んだ。『法華経』は生きるための祈りにもなる教えであるから、もしも病気がなおり、生きながらえることができたなら、すみやかに会って、くわしく話をしようと慰めたものである。日蓮の思いやりが、言外にあふれ出ているといえよう。

南条兵衛七郎は北条時頼の近臣で、駿河国富士の上野を領していたので上野殿とも呼ばれた。文応・弘長のころ日蓮の信者となり、念仏から法華に改信した。妻や長男の七郎次郎（時光）も熱烈な信者となり、一家に送られた日蓮の送られた日蓮の手紙は五十篇あまりに達し、門下中、その数は最も多い。南条兵衛七郎は文永二年ごろ、なくなったらしいが、妻（上野殿後家尼）と長男の七郎次郎は、いっそう信仰に励んだ。日蓮から送られた五十篇余の手紙のうち、四十篇ほどが七郎次郎に与えられたものである。また、未亡人は夫の死後、今度は次男の七郎五郎を十六歳でなくすが、その悲しみはいかばかりかと、たびたび日蓮は同情と慰めの手紙を身延から書き送り、ときには慰めのことばも見いだせないほどに、ともに嘆き悲しんだ。日蓮みずから人生の苦難を重ねていくにつれ、忍難捨命の覚悟を強め、殉教の使徒意識を高めたが、いっぽうで人びとの苦悩に理解をよせ、痛みと同情の思いから、しばしば涙をともにしたのである。

さて小松原法難後、上総《かずさ》・下総《しもうさ》方面を布教し、その間、母の死をみとったと想像される。文永四年のころである。なお、文永三（一二六六）年正月、清澄で述作したものに『法華題目鈔』（断真　四十五歳）がある。一説に母へあてた書というが、念仏信者の一女性に法華信仰をすすめたものと思われる。その中で、『法華経』こそ女性の価値を認め、女性の成仏（女人成仏）を強調するものであり、それゆえ、念仏のあいまにでも法華の題目を唱えるよう、説きすすめている。

『法華題目鈔』で注目すべきことは、法華の題目について解説を施していることである。すなわち、「法華経の題目は八万聖教《しょうぎょう》の肝心、一切諸仏の眼目なり」「妙法蓮華経の五字に一切の法を納む」など説きつつ、妙法の「妙」に絶・具・開・蘇生などの定義を与えている。つまり、絶対の真理であり、一切を具するものであり、そこから一切が開きだされ、また、それによって一切が生かされるということである。本抄は日蓮の基本的な教義論書として、価値高いものである。

房総地方を教化・伝道しているころに、叡山天台出身の日向《にこう》が日蓮の弟子となる。また前に紹介したごとく有力信徒に富木常忍がいたが、その義子の日頂《にっちょう》も、義父のすすめで弟子となった。日向、日頂ともに、日蓮が六十一歳でなくなるさい、六老僧の一人に選ばれている。六老僧に選ばれたときの年齢であるが、日向は三十歳、日頂は三十一歳であった。したがって、かれらが日蓮の弟子となったのは十五歳前後ということになる。六老僧のほとんどは青年僧侶であって、かれらは日蓮の意気に感じ、若い情熱を伝道にそそぎ、日蓮にしたがって教線を拡張していったのである。日蓮の門下となった者には、若い男性が多かった。しかし、いっぽうで中年の女性も多く見られる。特に夫や子をなくした不幸な女性が、心のよりどころを求めて日蓮にすがった。かれらにたいしては、日蓮は憐情あふれることばで慰めの手紙を書き送った。

以上からして、日蓮には理性と意志と情感の三つが混在していることを知る。もって生まれた性格がそうであったとも考えられるが、波乱と変転に富んだ日蓮の人生が、そのような多面性を日蓮に与えるにいたったといえよう。理性と意志と情感の三面は、さきにふれた日蓮の人生の三期に対応するものであり、また三種の浄土観にも関連するものである。

予言の的中　文永四年には、鎌倉にもどったと思われる。その翌年の文永五（一二六八）年閏《うるう》正月、蒙古の国書が到来した。ここに日蓮は、『立正安国論』で他国侵逼《しんぴつ》の難がおきるだろうと警告したことを予言の的中と感じ、四月には『安国論御勘由来《ごかんゆらい》』（真蹟　四十七歳）をしたため、再び進言するにいたる。

当時、蒙古はアジアからヨーロッパまで勢力を広げ、中国では漢民族を南宋に追いつめ、朝鮮の統一国家の高麗《こうらい》を属国にし（一二五九）、さらに日本にまで触手をのばそうとしていた。国書到来が、その現われである。国書の内容は、通好関係を結ぼう、もし応じなければ武力行使もやむをえない、そのいずれを選ぶか、よく考えよというものであった。国書の体裁や辞句はていねいであったが、武力行使をにおわし、幕府もあわてたことと思われる。朝廷にも報告され、たびたび会議が持たれたが、三月になって、けっきょくは返答を与えないことに決し、使者を送りかえした。

そのころ、幕府では北条時宗が十八歳の若さで執権職につき、その若さの意気も手つだってか、以後、数回にわたる使者の来日にも強硬な態度でのぞみ、建治元（一二七五）年九月に使者がやってきたときには、その首をはねている。そのような強硬な態度を示しつつ、いっぽうで防備対策をねり、九州や瀬戸内海の沿岸の武士たちに命じて、臨戦体制をしかせた。また、朝廷のみならず、幕府においても、諸神社・寺院にたいして敵国退散の祈禱を行なわせた。

ところで、日蓮は『安国論御勘由来』の中で、「今年後《のち》の正月、大蒙古国の国書を見るに、日蓮が勘文《かんもん》に相叶《あいかな》うこと、宛《あたか》も符契《ふけい》の如し」とて、安国論を通して進言したことが、割符《わりふ》を合わせたごとくに的中したとのべ、そうして、朝廷の勅令や幕府の命令によって種々に祈禱がなされるだろうが、かえって仏神の怒りを買い、国土の破壊を招くことになろうと警告した。日蓮によれば、安国論で強調したごとく、『法華経』に明かされた一乗妙法という統一的理法にのっとらないで、場あたり的に、あれやこれやと祈念の策を講じても、逆効果をきたすばかりだということである。

しかし、日蓮の再進言は、またもや無視されたらしく、その年の八月と九月、問いただしの書状をしたためた。九月の書状には、「今月に至るも、是非に付《つ》け返報を給らず。鬱念《うつねん》散じ難《がた》し」（『宿屋入道再御状』断真　四十七歳）とあり、日蓮の心に、いらだちが見られる。

しかも、なお返答がないため、ついに十月十一日、執権時宗をはじめとして当時の政界代表者と、仏教界の代表者へ計十一通の対決状を送った。これ、『十一通御書』と呼ばれるものである。同時に日蓮は弾圧を覚悟し、その日、弟子・信徒たちにも、「大蒙古国の簡牒《かんちょう》到来に就いて、十一通の書状を以て方方《かたがた》へ申せしめ候。定めて日蓮が弟子檀那、流罪・死罪一定《いちじょう》ならんのみ。少しも之を驚くことなかれ。……各各用心あるべし。少しも妻子眷属《けんぞく》を憶《おも》うことなかれ。権威を恐るることなかれ。今度《このたび》生死の縛を切て仏果を遂げしめ給え」（『弟子檀那中御書』四十七歳）と覚悟のほどをせまる檄《げき》をとばした。

ただし『十一通御書』と『弟子檀那中御書』は、日蓮没後五十年ごろに大石寺の日道が作成した『御伝《ごでん》土代《どだい》』や没後二百年ごろに身延第十一世の行学日朝が作成した『元祖《がんそ》化導《けどう》記』（一四七八）に見えず、そのあとに作成された円明《えんみょう》日澄《にっちょう》（啓運　一四四一―一五一〇）の『日蓮聖人註画讃』にふれられている。このような重大事が古い伝記に取りあげられていないこと、註画讃には潤色が多いこと、その上、『十一通御書』に定型化した「四箇格言」が説かれたり、わざとらしい気おいたった言辞をふりかざし、日蓮を「蒙古国退治の大将」にかつぎあげたりしており、その点、日蓮没後、日蓮を高めようとして作為されたものではないかとの論が出ている。

日蓮の自伝ともいうべき『種種《しゆじゆ》御《お》振舞《ふるまい》御書』（曾真　五十四歳）には、「十月に十一通の状をかきて、かたがたへをどろかし申す」とて、『十一通御書』を書き送ったことが追懐されている。この『種種御振舞御書』は名文・名調子で、自伝としては秀作とみなされている書であるが、しかし、もとは独立の三書であったものを後世になって一つに結合するにいたったこと、また技巧的な芝居がかったところや誇張的な奇蹟談も見られることなどから、一部に偽作説がおきている。そのほかの確実な遺文には、『十一通御書』の件はふれられていない。

それから、蒙古襲来についての日蓮の態度であるが、後年の論述では、治罰されるべきは正しい法にのっとらない日本であり、蒙古襲来は謗法《ほうぼう》の国日本をただすためにおきたものであると強調している。この点からすれば、日蓮が蒙古退治の音頭をとることはありえないといわねばならない。以上のようなわけで、『十一通御書』については数点の疑問が存するが、しかし、日蓮が次第に各方面に対決をせまっていったことは、考えられよう。

文永六年九月、再び蒙古の国書が到来し、いよいよ時せまるのを感じた日蓮は、十二月、自筆の『立正安国論』に、「同六年、重ねて牒状《ちようじよう》之を渡す。既に勘文《かんもん》之に叶《かな》う。之に準じて之を思うに、未来もまた然るべきか。此の書は徴《しるし》ある文なり」（『安国論奥書』真蹟　四十八歳）とて、自己の警告的予言が一段と事実となってきたことを書きそえた。そうして、自己の予言が的中したにもかかわらず、政権者や教権者が依然として日蓮の言を無視・黙殺したことに悲憤やるかたなく、次第に政権・教権への対決の心を強めていった。

ここから、『法華経』に説き明かされた一乗妙法という統一的真理を現実対決の論理に応用し、改めて社会改革・歴史変革の理念として強調していく。それまでは、仏教界も含めて日本の思想界の統一的な理念の確立に用い、また統一的真理のもと、全一的・円融的な世界観に立っていた。いまは、現実批判の根拠として『法華経』の統一的真理を取りあげ、ひいては現体制の変革を通して理想社会の実現をめざすにいたる。

殉教の使徒　このような現実対決の精神は、進んでは反権・超俗の精神ともなっていった。それを示すものとして、ちょうど文永六年に三位房日行《にちぎょう》に与えた『法門可被申様之事《もうさるべきようのこと》』（『法門可申鈔《かしんしょう》』真蹟四十八歳）がある。日行が日蓮の弟子となった由来は不明であるが、日蓮の最も高弟の一人で、当時は師の命を受けて叡山に留学中であった。その叡山から日蓮へ留学の模様を報告してきたのにたいし、叱責《しっせき》の返事を書き送ったのが、この書である。

『可申鈔』によると、日行は向こうで貴族の家に招かれ、持仏堂において説法し、それを非常に面目に思って報告してきたらしく、これにたいして日蓮は、

「御持仏堂にて法門申したりしが面目なんどか〻れて候事、かへす〴〵不思議にをぼへ候。……日本秋津嶋は四州の輪王《りんのう》の所従にも及ばず、但嶋《ただ》の長《おさ》なるべし。長なんどにつかへん者どもに召されたり、上《かみ》なんどかく上、面目なんど申すは、かた〴〵せんとするところ、日蓮をいやしみてかけるか」

とて、仏教の世界は広大無辺であり、仏法の権威は一国の世俗的権威をこえるものであるにかかわらず、その仏法を奉ずる僧が貴族の家に招かれて面目と思ったり、「召された」とか「上」というような敬称を用いてありがたがっているのは、せんじつめれば仏教者としての日蓮をいやしむことになる

と叱責している。

さらに日行は田舎の関東から都会の京都へ留学したことに得意となり、名前を尊成《そんじょう》という高貴らしい感じのするものに変えたようで、それについても、

「総じて日蓮が弟子は京《みやこ》にのぼりぬれば、始めはわすれぬやうにて、後には天魔つきて物にくるう。……のぼりていくばくもなきに実名をかうるでう物くるわし。定《さだめ》てことばつき、音なんども京《みやこ》なめりになりたるらん。……言をば但《ただ》いなかことばにてあるべし。なかなかあしきやうにて有《ある》なり。尊成《そんじょう》とかけるは隠岐の法皇の御実名か、かた〲不思議なるべし」

とて、田舎法師のくせに都会かぶれして、京なまりにでもなったか、そのような中途半端な態度はよして、田舎弁に徹せよ、また尊成は隠岐に流された後鳥羽上皇の名（尊成《たかひら》）ではないか、不可解至極だといましめている。このような日蓮の叱責のことばは、かれが俗権にたいする抵抗の精神を高めていったことを物語るものといえよう。

なお、この書の中で蒙古襲来にふれ、「日本一州上下万人一人もなく謗法《ほうぼう》なれば、大梵天王・帝桓《たいかん》並びに天照大神等、隣国の聖人に仰せつけられて謗法をためさんとせらるゝか」とて、蒙古を「隣国の聖人」に仕立てつつ、謗法日本の責罰を強調するにいたっている。天照大神は本来は日本守護の神であるが、その神も悪国日本を見すてて天上に帰り、逆に日本を罰する神となったという。いわゆる神天上《じんてんじょう》・善神捨国の説で、すでに『立正安国論』などにおいて予言的に警告したものであった。この

ような日本責罰論は、実際に蒙古が襲来するとともに、いっそう強まっていったのであるが、これが戦時中において、一部の国粋主義者から日蓮は売国奴《ばいこくど》であるとの非難を受けることにもなった。

しかし、日蓮にしてみれば、仏教は世界宗教として日本一国をこえたものであり、聖なる宗教的権威は俗なる国家的権威の上に立つものであるということから、日本に批判を加え、朝廷にしろ幕府にしろ、日本の支配者に諫言を辞さなかったのである。もちろん、日蓮に自己の生国への愛情がなかったわけではない。さきの『安国論御勘由来』の最後において、「但偏《ただひとへ》に国の為《ため》、法の為、人の為にして、身の為に之を申さず」とことわっているところである。ただ日蓮は、自分の生まれた国がどのようなものであれ、無批判的に絶対視するごとき愛国者ではなかったということである。

いっぽう、日蓮における反権・超俗の精神の高まりは、ますます日蓮を釈迦に結びつけるものともなった。『法門可被申様之事』のはじめに、「釈尊は我等が親父也」とか「釈尊は我等が父母なり」などと強調しているところである。ここから、ひいては釈迦によって特別に選ばれ、つかわされた聖徒であり、使徒であるとの意識をいだくようにもなる。使徒ということについては、『法華経』の法師《ほっし》品《ほん》第十に、人生の苦難にたえて真理の実践に励む者は「如来使」であるとたたえられており、日蓮は、そこを次第に読みとり、自己にあてはめていく。こうして日蓮は、法としては『法華経』を、仏としては釈迦を第一にかかげ、その下に諸経・諸仏を服せしめつつ、みずからは聖なる殉教の使徒として、反権・超俗の法戦に身を投じていったのである。

翌文永七年の十一月に太田氏へ書き送った手紙によると、日蓮の予言的警告に少しは耳を貸す者も出たらしく、「今年十一月之比《ころ》、方々へ申して候へば少々返事あるかたも候。をほかた人の心もやわらぎて、さもやとをぼしたりげに候」(『金吾殿御返事』真蹟)という。しかし、続けて、「法華経のゆへに流罪に及びぬ。今死罪に行れぬこそ本意《ほい》ならず候へ。あわれさる事の出来《しゅつらい》し候へかしとこそはげみ候て、方々に強言《ごうげん》をかき挙げて候なり。すでに年五十に及びぬ。余命いくばくならず。いたづらに曠野にすてん身を、同じくは一乗法華のかたになげ」んと述懐している。死罪になることこそ本望だとばかりに、殉教の覚悟を表明したものである。一年あとには、これが事実となって現われるのであるが、そのことを日蓮は身に感じだしていたのかもしれない。

なお、この年に、日持《にちじ》が先輩の日興を介して弟子となっている。ちなみに、日持は海外布教に志し、北海道から大陸まで足をのばし、かの地で没したと伝える。日持の入門によって、いわゆる六老僧がそろうことになった。そこで日蓮が六十一歳でなくなるとき、六老僧に選ばれた弟子たちの年齢を調べてみると、日昭六十二歳、日朗四十歳、日興三十七歳、日持三十三歳、日頂三十一歳、日向《にこう》三十歳となっている。日蓮の弟子となったときの年齢を入門順にあげると、日昭三十三歳、日朗十二歳、日興十四歳、日向十三歳、日頂十六歳、日持二十一歳となる。

こうして見ると、日蓮の弟子たちのほとんどが、青年僧であったことを知る。日蓮の獅子奮迅の布教活動には、このような青年僧たちの若き情熱と意気が支えとなったであろうと想像される。迫害や弾圧が日蓮の門下たちにもおしよせ、数多くの者が日蓮から退転していった中にあって、かれらは最後まで日蓮に従い、殉教の精神をつらぬいた。

対決の論戦　文永八（一二七一）年、いよいよ日蓮は五十歳を迎えるが、その年の夏、関東地方が大ひでりとなり、六月に、幕府は極楽寺の良観房忍性《にんしょう》（一二一七—一三〇三）に雨ごい祈願の行事を命じた。それを知った日蓮は、好機到来とばかりに良観へ挑戦状をつきつけた。いままで無視されつづけてきた自己に目をむけさせるには、この機をおいてはないと考えたのであろう。当時、良観忍性は律宗の僧として持戒清浄と慈善事業に励み、まれに見る聖者として生きぼとけのごとく尊崇され、また真言祈禱にもたけていたために、事あるたびに祈禱を頼まれ、それでもって幕府の厚遇を受け、鎌倉仏教界の重鎮として活躍していた。この教権界の代表的人物をつつけば、本人は自己の面目にかかわることとして、だまってはいないだろうし、教権界とバックの政権界も、今度はほっておけないことを日蓮は読みとったかと思われる。

後年の記述によると、「彼の御房《ごぼう》祈雨の法を行ひて万民をたすけんと申し付け候由」（『頼基陳状』五十六歳）を聞いた日蓮は、良観忍性の弟子を取次ぎとして、七日のうちに雨ふれば、日蓮が「良観上人の弟子と成りて二百五十戒持《たも》つべし」、もし雨がふらなければ、良観が法華信奉者となるよう、申し送った。現代からすれば、雨ごいの祈禱をしたり、それで勝負をつけるなどということは、およそ理解に苦しむところといわねばならないが、当時はありふれたことがらであり、「上代も雨祈《あまごい》に付て勝負を決したる例《ためし》これ多し」とことわっている。ともあれ、祈禱で雨をふらす競争をし、勝負をつけようとは、大胆というほかないが、日蓮の主たる意図は、雨をふらせるということより、評判の良観忍性を攻撃することによって、人びとの関心を自己にひきつけるにあったと想像される。

良観は数百人を集めて祈禱を行なったが、ついに雨はふらず、それのみか大風が吹きまくったという。伝説によれば、日蓮が次に祈雨の読経をすると、やがて雨がふりだしたというが、このことは日蓮遺文には見えず、明らかに作りごとである。そういう作りごとをしなければ、片手おちになると考えたのであろう。

良観との雨ごい勝負は日蓮遺文の二、三に見えているところであるが、こちら側に立っての記述ゆえ、表現にオーバーなところがあり、その上、良観側の記録はなく、客観的な事態の真相はわからない。それはそれとして、良観に同情した念仏宗の道阿道教と念（然）阿良忠は、あいはかって良忠の弟子の行敏《ぎょうびん》を日蓮と問答させることにしたらしく、文永八年七月八日づけで行敏から日蓮に問いただし状がとどいた。それにたいして日蓮は、私的にではなく、公の場で問答対決するなら、受けて立つと返事をした。すなわち、「条々御不審の事、私の問答は事《こと》行い難く候か。然れば上奏を経られ、仰せ下さるるの趣に随て、是非を糾明《きゆうめい》せらるべく候か」（『行敏御返事』断真　五十歳）という。そこで、良観・道阿・念阿たちは訴状を作り、行敏をして幕府に日蓮を訴えさせるにいたった。幕府は当時の慣例にしたがって、その訴状を日蓮にまわし、陳状《ちんじょう》（弁明書）を求めた。こうして作成されたものが、

『行敏訴状御会通《えつう》』（曾真　五十歳）である。

この弁明書を見ると、訴えが八箇条にわたっていることが知られる。第一は「一を是とし、諸《もろもろ》を非とする」こと、第二は念仏を無間《むげん》地獄に落ちるものとみなしたこと、第三は禅を天魔の説としたこと、第四は大小の戒律を世間をまどわすものとみなしたこと、第五は「弥陀・観音等の像を火に入れ、水に流す」等の暴挙に出たこと、第六は「凶徒を室中に集む」こと、第七は「両行は公処《くじょ》に向う」こと、第八は兵杖をたくわえていることである。日蓮は、第一については、浄土念仏の祖師たちこそ、まさに念仏の一つを選びとり、諸教を捨てたではないかと反論し、第二、第三、第四については、それぞれ自己の見解を表明し、第五については、たしかな証人を出せとせまり、第七は意味不明で、日蓮の返答ものっていない。

問題は第六と第八であるが、日蓮に武士の信者が多く、その武士たちが迫害にそなえて日蓮を守ったことを、中傷して訴えたものではないかと思われる。この訴えにたいしては、『涅槃経』などを引用して、「法華経守護の為の弓箭兵杖は仏法の定むる法なり」と答えている。この問題は、実は『立正安国論』において、念いりに論じつくされたものであった。その『立正安国論』では忍難を主張して、武力を用いることを否定した。ここでは、正法守護のための武力保持は認めるにいたっている。

なお、弘安元年（五十七歳）ごろに補筆したと考えられる広本の『立正安国論』（真蹟）が現存しているが、原初本（略本）では『涅槃経』の「刀杖を持《たも》つと雖《いえど》も、命を断ずべからず」という語句が引用されていたのに、広本では除かれ、論調も激化している。これは、しばしば日蓮が迫害にあうようになり、小松原法難のときのごとく、信者の武士たちが日蓮を守って防戦した経験によるものであろう。旧大寺院のごとく、権力争いのために武力をたくわえ、僧侶自身が武装し、さらに、こちらから攻撃をしかけることを認めたものでないことは、もちろんである。『涅槃経』でも、僧侶みずから武器をとることは許しておらず、また在俗者であっても、みずから進んで相手の命を断じてはならないと戒めている。

良観忍性は、師の思円叡尊《えいぞん》（興正菩薩　一二〇一—一二九〇）とともに慈善事業に力をつくし、特に貧民・賤民・癩者の救済に心がけ、その献身的な慈悲の実践は、仏教史上に並ぶものがないほどであり、徳高き人格は、まさに仏そのものであった。日蓮遺文にも、「極楽寺の良観上人は上《かみ》一人より下《しも》万民に至て生身《しょうしん》の如来と是を仰ぎ奉る。……慈悲は如来に斉《ひと》しく、徳行は先達に越えたり」（『聖愚問答鈔』四十四歳）と紹介されているところである。そこで、われわれとして不思議に感ずることは、そのような仁徳のすぐれた良観が、日蓮を恨みに思って幕府に訴えたりするだろうかということである。それかあらぬか、卍元師蛮《まんげんしばん》の『本朝高僧伝』（一七〇二）では、良観は律国賊というような日蓮のそしりを意に介せず、逆に日蓮流罪のゆるしを時宗《ときむね》に乞うたと伝えている。

ところが、さきの『行敏訴状会通』には、「当世日本第一の持戒の僧良観聖人並びに法然上人の孫弟念阿弥陀仏・道阿弥陀仏等諸聖人等の日蓮を訴訟す」とあり、『開目鈔』（曾真　五十一歳）でも、

「良観・念阿等、偽書を注して将軍家にささぐ」とて、良観が日蓮を幕府に訴えたという。しかも、それがもとで、佐渡流罪にもなったという。すなわち、「佐渡の島まで遠流《おんる》せられ候ひしは、良観上人の所行に候はずや。其の訴状は別紙に之あり」（『頼基陳状』五十六歳）とのべている。

なお、日蓮は佐渡流罪にさいし、佐渡を支配していた北条宣時《のぶとき》のあずかりとなるが、その宣時は、日蓮が佐渡において新たに人びとを教化したことを耳にし、いつわりの命令書（虚御教書《そらみぎょうしょ》）を作って、日蓮と民衆との離間策をはかった。この虚御教書の作成に、良観が参加したというのである。すなわち、「極楽寺の良観等は武蔵の前司殿の私の御教書を申して、弟子に持たせて日蓮をあだみなんどせし」（『千日尼御前御返事』真蹟　五十七歳）という。もし、これら日蓮遺文のことばが事実とすれば、良観の人格は疑わしくなってくる。あるいは、日蓮のほうに被害妄想的な意識があって、このように邪推したものであろうか。

しかし、単に日蓮のひがみや邪推といいきれない点があるようにも思われる。というのは、良観の慈善事業に問題が存しているからである。すなわち、資力のない僧侶が慈善事業を行なうためには、どうしても有力者の援助を仰がねばならない。そこに、権力がわとの結びつきが生じてくる。その結果、みずから権勢欲や財欲のとりことなる者も出てくる。日蓮遺文にも、「今の律僧の振舞を見るに、布絹財宝をたくはへ、利銭借請《しやくしよう》を業とす」（『聖愚問答鈔』四十四歳）と評されている。なお政府にしても、慈善事業の臨時支出のためには、どこかで無理をせねばならず、それが特別に税徴収という形となり、ひいては一部の犠牲をしいることにもなる。同じ『聖愚問答鈔』に、「道を作り橋を渡す事、還《かえつ》て人の歎き也。飯嶋の津にて六浦《むつら》の関米《せきまい》を取る、諸人の歎き是れ多し。諸国七道の木戸《きど》、是も旅人のわずらひ只《ただ》此の事にあり」というところである。良観の慈善事業にさいして、政府が一部に特別税を設け、それが、かえって人びとの嘆きとなったことを指摘したものである。

慈善事業が反面に人びとの犠牲をしいたということは、良観が強調した殺生禁断にも現われた。かれは慈悲の精神を発揚させる目的で殺生禁断を説き、政府も、かれの説にしたがって漁業禁止の区域を設けたりしたが、これが、その地域の漁民の生活権を奪う結果になり、民衆の恨みを買うにもいたった（和島芳男『叡尊・忍性』）。そもそも、慈善事業ということ自体に問題がある。多くは、施しをなす者に功徳が帰せられ、施される者は常に感謝をしいられる。ときに慈善は、特権階級の上からの恵みという形になりかねないし、社会のひずみの埋めあわせといえなくもない。社会意識にめざめた現代では、慈善事業ということばをやめて、代りに社会福祉事業と称するにいたったところでもある。

ともかく慈善事業は、しないよりはしたほうがよいことは論をまたないとして、ほんとうは慈善の要なき社会の実現こそがのぞましいといえよう。そうとすれば、これは社会・国家の構造改革の問題であり、根本的理念のありかたが問われてくることになる。その意味において、宗教の主たるつとめは、慈善事業にあるのではなく、思想の改造、理念の確立にあり、日蓮のさけびも、その点で一顧の価値があろう。

以上のごとく、良観自身は高徳の人格者だとしても、慈善事業を介して政権と結びつき、その政権との結びつきが、ときに日蓮への圧力となって現われたことは、ありえたと思われる。そのような圧力にたいして、日蓮はいっそう対決の論戦をいどみ、かれの言論は日に日に激烈を加えていった。それが、ついに政府の強権発動を導き、佐渡へ島流しの罪に処せられることになる。

Ⅳ　孤高の宗教者

孤島の流罪　日蓮が佐渡流罪に問われたのは、数えて五十歳の年の秋である。日蓮遺文によると、文永八（一二七一）年九月十二日の申《さる》の時《とき》（午後四時）ごろ、侍所の長官である平左衛門尉《へいのさえもんのじょう》頼綱が部下をひきつれて鎌倉の草庵を襲い、日蓮を逮捕した。そのとき日蓮は、われを倒すは日本国の柱を倒すなりと一喝したという。「文永八年九月十二日、申《さる》の時に平《へい》の左衛門の尉《じょう》に向て云く、日蓮は日本国の棟梁也。予を失ふは日本国の柱橦《はしら》を倒すなり」（『撰時抄』真蹟　五十四歳）と記すところである。平左衛門尉たちは、乱入の上、暴逆のかぎりをつくしたようで、『神国王御書』（断真　五十四歳）に、

「小菴には釈尊を本尊とし一切経を安置したりし其の室を刎《は》ねこぼちて、仏像経巻を諸人にふますするのみならず、糞泥《ふんでい》にふみ入れ、日蓮が懐中に法華経を入れまいらせて候しをとりいだして頭をさん〴〵に打ちさいなむ」

と、そのときの模様が描写されている。日蓮の悲憤は、怒髪《どはつ》天をつく思いであったろうと想像される。日本国の柱を倒すなりとは、そこからほとばしり出た叱咤《しった》の声といえよう。

そのとき、ちょうど懐中にしていた『法華経』は第五巻にあたる部分で、その巻には、「悪口罵詈《あっくめり》

等し、及び刀杖《とうじよう》を加うる者あらん。我等皆まさに忍ぶべし」（勧持品《かんじほん》第十三）とて忍難殉教を説いた章があり、その巻によって打たれたことは、まさに日蓮をさして上記のことばが説かれたものであると感得し、不思議の思いにひたるとともに、うれしさが胸にこみあげ、悲憤の怒りをこらえたという。すなわち、「うつ杖も第五の巻、うたるべしと云ふ経文も五の巻、不思議なる未来記の経文也」（『上野殿御返事』五十八歳）、「法華経の第五の巻をもて、日蓮が面《おもて》を数箇度《すかど》打ちたりしかば、日蓮は何とも思はず、うれしくぞ侍《はべ》りし」（『妙密上人御消息』五十五歳）などと追懐するところである。苦難が増大するにつれて、日蓮は、『法華経』に予告された忍難殉教の仏使と自己とが符合することに不思議さを感じつつ、みずから殉教の使徒意識を高め、そこに誇りと慰めを見いだしていったことが知られる。

捕えられて後、いちおう裁判所に引ったてられるのであるが、「十二日酉《とり》の時、御勘気」（『土木殿御返事』真蹟　五十歳）と記されているところから、それは午後六時ごろであったと思われる。それも、「日中に鎌倉の小路をわたす事、朝敵のごとし」（『神国王御書』）とて、町のなかを見せ物のように引きまわされながらである。裁判所では、改めて尋問を受けたことであろう。次のことばは、そのときの返答と察せられる。すなわち、日蓮は、

「只今に自界反逆難《ほんぎやくなん》とてどしうち（同士打）して、他国侵逼難《しんぴつなん》とて此の国の人々、他国に打ち殺さるるのみならず、多くいけどりにせらるべし。建長寺・寿福寺・極楽寺・大仏・長楽寺等の一

切の念仏者・禅僧等が寺塔をばやきはらいて、彼等が頸をゆひのはまにて切らずば、日本国必ずほろぶべしと申し候」(『撰時抄』真蹟 五十四歳)

と豪語したという。このような豪語は、日蓮の悲憤を誇張的にいいあらわしたもので、かれ自身、「但国《ただ》をたすけんがため、生国《しょうこく》の恩をほうぜんと申せし」とか「法華経の第五の巻を懐中せるをとりいだしてさんざんとさいなみ、結句はこうじ(小路)をわたしなんどせしかば、申したりしなり」(『撰時抄』)と弁明するところである。

もし、日蓮が実際に寺塔を焼きはらい、僧侶たちの首を切ることをのぞんでいたとしたら、これは、きわめて危険な思想におちいるものといわねばならない。また、みずからは俗権による弾圧を否定し、それに抵抗しながら、他にたいしては、それを認めるという矛盾に落ちこむことにもなる。この点については、日蓮に問いただす必要があろう。憤りのあまり、爆発したものかもしれないが、むしろ、暴発と評されるべきものである。ただ、その暴発が、弱きものにたいしてでなく、政権をバックとして栄える教権界に向けられたものであるところに、救いの余地が見いだされよう。政権の援助によって力を得ている寺院・僧侶たちを、その政権によってたたきつぶせということは、政権にたいする非難にもなるものであり、それが通るはずのないことは、日蓮も重々、承知の上で豪語したのではなかろうか。とすれば、かれの豪語は、政権・教権のいずれにせよ、権力への反逆から出たものであって、それが激憤のはずみで右のような表現となったものであろう。

さて裁判所で尋問の結果、佐渡流罪の決定が下され、そこで佐渡を領していた武蔵守《むさしのかみ》北条宣時《のぶとき》のあずかりとなり、翌十三日の未明の丑の刻、今でいえば午前二時ごろ、宣時の家来で佐渡を管理していた相模依智《さがみえち》の本間六郎左衛門尉重連《しげつら》のところへ、まず送られたようである。そのころ、本間重連は佐渡に出むいていたために、代官の右馬太郎という者が監視役についた（『土木殿御返事』真蹟　五十歳）。ところで依智におもむく途中に、当時、刑場となっていた竜口《たつのくち》があり、ここにさしかかったとき、かの有名な「竜口法難」がおこるのである。

竜口は、建治元（一二七五）年九月、蒙古の使者の首を切ったところでもあり、日蓮は公けには佐渡流罪と決められたが、ひそかに竜口で首を切ろうとのたくらみがおきたらしく、それで夜中に引きだされたと思われる。日蓮遺文に、「外に遠流《おんる》と聞へしかども、内には頸《くび》を切ると定めぬ」（『下山御消息』断真　五十六歳）とか、「外には遠流と聞へしかども、内には頸を切るべしとて、鎌倉竜口と申す処に、九月十二日の丑《うし》の時に頸の座に引きすへられて候き」（『妙法比丘尼御返事』五十七歳）などと記されている。十二日の丑の時となっているが、これは丑の時がまだ明けやらぬ夜中で、実感としては十二日の夜の続きであり、そこで十二日としたのであって、正確には十三日の丑の時とすべきであろう。『開目鈔』（曾真　五十一歳）にも、「日蓮といゐし者は去年九月十二日子丑《ねうし》の時に頸はねられぬ。此は魂魄《こんぱく》佐渡の国にいたりて」とあるが、これも同様に考えてよかろう。

竜口においては、門下たちが日蓮と命をともにしようとした。その一人に四条金吾頼基《きんごよりもと》がいるが、

『崇峻天皇御書』（曾真　五十六歳）には、

「返す返す今に忘れぬ事は、頸切られんとせし時、殿《との》はとも（供）して馬の口に付きて、なきかなしみ給ひしをば、いかなる世にか忘れなん。設《たと》ひ殿の罪ふかくして地獄に入り給はば、日蓮をいかに仏になれと釈迦仏こしら（誘）へさせ給ふにも、用ひまいらせ候べからず。同じく地獄なるべし。日蓮と殿と共に地獄に入るならば、釈迦仏・法華経も地獄にこそをはしまさずらめ」

とて、そのときのことを日蓮は忘れがたい感激と心からの感謝でもって追懐し、たとい地獄の底なりとも、二人は離れることはないだろう、二人ともに地獄ならば、釈迦仏もまた地獄におわしまそう、と四条金吾に書き送っている。なお、「三位も文永八年九月十二日の勘気の時は、供奉《ぐぶ》の一行にて有りしかば、同罪に行はれて頸をはねらるべきにてありし」（『頼基陳状』五十六歳）と語っており、さきにあげた三位房日行も行動をともにしたようである。そのほか何人かの門下たちが、日蓮に従ったと想像される。

いよいよ竜口で首を切られようとしたとき、奇蹟がおきた。『種種御振舞御書』（曾真　五十四歳）によると、江の島の方角から月のような光りが、まりのごとく飛びきたり、刀とる兵士の目はくらみ、おじけづき、倒れふしたという。この奇蹟については、『妙法比丘尼御返事』（五十七歳）にも同様のことが記されており、また依智《えち》でしたためたとされる『四条金吾殿御消息』（五十歳）にも、「月天子《がってんし》は光物《ひかりもの》とあらはれ、竜口の頸をたすけ」とある。奇蹟が説かれているのはこの三書であるが、いずれも文献の真偽考証を必要とするもので、それらの書に見える竜口の奇蹟も、したがって伝説の域を脱しないといえよう。ともあれ、なんらかの理由で首を切られずにすんだようで、やっと依智に到着する。そうして十月十日、佐渡にむかって出発するまで、およそ一月ちかく依智にとどめおかれた。

十月十日、いよいよ依智を立って佐渡に護送された。日興・日向《にこう》・日頂・日持などの弟子が日蓮についていったと伝えるが、日蓮は残った弟子たちに後を頼み、また門下たちにもふりかかった苦難に心を痛めながら、旅だったのである。富木《とき》氏は日蓮のことを思って従者をつきそわしたが、越後の寺泊《てらどまり》において、日蓮は礼状とともに、その従者を富木氏のもとへ送りかえした。礼状は『寺泊御書』（五十歳）と名づけられて、真筆が現存して

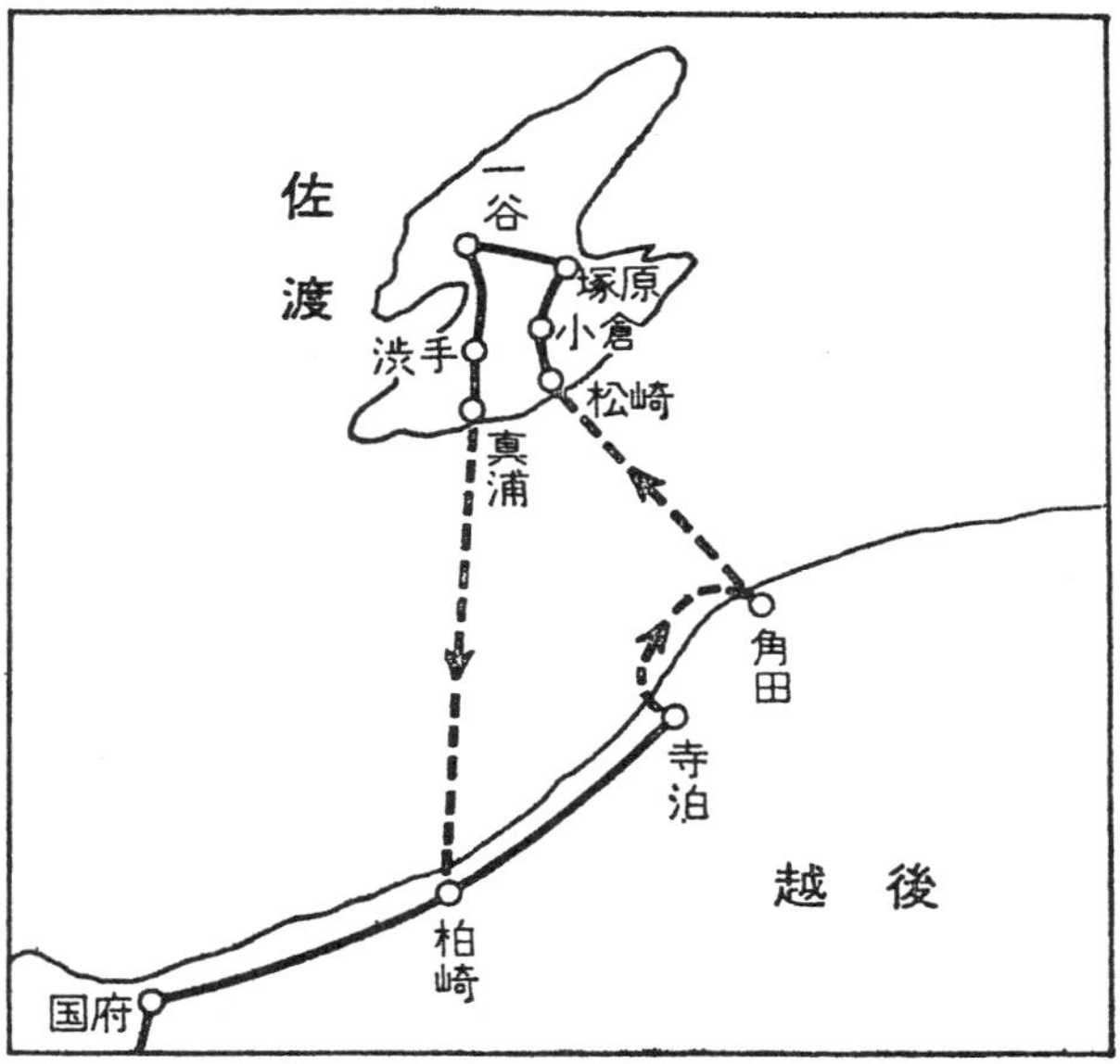

佐渡における日蓮の足跡図

おり、十月二十二日にしたためられたものである。それによると、十月十日に依智を立ってから、道中、想像を絶し、筆も及ばない苦労を重ねながら、やっと二十一日に寺泊に到着したようである。それから海を渡って佐渡へおもむくはずのところ、順風さだまらないために、いつになるかわからないという。このような苦労は、もとから覚悟していたことで、いまさら嘆くべきではないとのべ、さらに続けて、『法華経』の勧持品第十三や常不軽《じょうふきょう》菩薩品第二十など、殉難を強調した章を引用・教示し、最後に、従者は佐渡までお供したいといってくれるが、気の毒だからお返しする、お志しは感謝のほかはないと結んでいる。

いつ順風を得て寺泊を船出したかは不明であるが、『種種御振舞御書』(曾真　五十四歳)には、「十月二十八日に佐渡の国に著きぬ」とある。そうして、「十一月一日に六郎左衛門が家のうしろみの家より塚原と申す山野の中に、洛陽《みやこ》の蓮台野のやうに死人を捨つる所に一間四面なる堂」に入れおかれたという。塚原は別名、三昧原《さんまいばら》ともいわれ、墓地に由来した名称である。そこの一間四面の堂とは、三昧堂と呼ばれて死者の霊をとむらうために建てられた堂のことである。つまり、日蓮は孤島の流罪地に、死者を捨てるがごとくに捨ておかれたというわけである。こうして、孤独と苦悩にみちた配流の生活が、いよいよ始まることになる。

十一月といえば、陽暦になおして十二月、北国では、すでに真冬の候である。処は遠国はるかな孤島、時は寒風ふきすさぶ厳冬、家は風雨にくちはてた草堂、身は住民にさげすまれる流人、その模様

を日蓮は、

「相州鎌倉より北国佐渡の国、其の中間一千余里に及べり。山海はるかにへだて山は峨峨《がが》、海は濤濤《とうとう》。風雨時にしたがふ事なし。山賊海賊充満せり。すく〳〵（宿々）とまりとまり（泊々）民の心、虎のごとし、犬のごとし。現身に三悪道の苦をふるか」（『日妙聖人御書』断真　五十一歳）

「北国の習なれば、冬は殊に風はげしく、雪ふかし。衣《ころも》薄く、食ともし。根を移されし橘《たちばな》の自然にからたちとなりけるも、身の上につみしられたり。栖《すみか》にはおばな（尾花）かるかや（苅萱）おひしげれる野中の御三昧《ごさんまい》ばらに、おちやぶれたる草堂の上は、雨もり壁は風もたまらぬ傍《あたり》に、昼夜耳に聞く者は、まくらにさゆる風の音、朝暮に眼に遮《さえぎ》る者は、遠近《おちこち》の路を埋《うず》む雪也。現身に餓鬼道を経《へ》、寒地獄に堕《お》ちぬ」（『法蓮鈔』曾真　五十四歳）

などと描写している。まわりから隔絶された配流生活が、いかばかり日蓮に寂莫と苦悩の思いを与えたか、察するにあまりあるといえよう。

苦悩の人生　殉教の使徒の自覚が日蓮に高まっていくとともに、忍苦・殉難の精神も強くなっていった。しかし、日蓮また人の子として、人生の苦難にたいして非情ではおれなかった。自分のことはさりながら、特に弟子や信徒たちを襲った苦難にたいしては、自分のせいとばかりに心を痛めた。佐渡流罪にさいして、日蓮には自分のことより心を痛めるものがあった。それは、あとに残してきた門弟たちの身の上である。というのは、弾圧や迫害が日蓮の弟子・信徒たちにも及び、投獄のうきめを見る者さえ出るにいたった。かれらのことが日蓮の心にかかり、うしろ髪をひかれる思いで鎌倉を去ったのである。さきにあげた『寺泊御書』（真蹟　五十歳）の最後に、「囹僧《れいそう》等のみ心に懸《かか》り候」とて、投獄された弟子たちのことだけが気がかりだとのべている。

いったい、このころまでに何人ぐらいの弟子・信徒たちができていたかであるが、『種種御振舞御書』（曾真　五十四歳）によると、「日蓮が弟子等を鎌倉に置くべからずとて、二百六十余人にしる（記）さる」とて、二百六十余人という数が見えている。上の文は、日蓮の佐渡流罪が決まって、しばらく相模の依智に預けおかれたとき、日蓮の弟子たちを鎌倉から追いだすべく、二百六十余人の名が書きだされたということである。この数字は弟子のみならず、信徒も含めての概数と思われる。なお、鎌倉在住の弟子・信徒についていわれたもので、地方を加えれば、もう少し数はふえよう。いま、遺文の全体を通して門下の数を抽出してみると、弟子は六五名余、信徒は一六〇名余、合計して二二五名余となる（高木豊『日蓮とその門弟』）。したがって、多く見つもって、弟子・信徒あわせ約三〇〇名というところであろうか。したがって、その大半は佐渡流罪までにできていたことになる。これら門下たちの多くが、日蓮とともに弾圧や迫害を受けたのである。このことが、日蓮の心を最も痛ましめたのである。

のちのちにいたるまで、日蓮は門弟たちの受難を思いおこし、痛みの筆をとった。それらの書を通して、当時、弟子・信徒たちが日蓮に連坐して、どのような災難にあったかを知ることができる。たとえば、「或は御勘気、或は所領をめされ、或は御内《みうち》を出され、或は父母兄弟に捨てらる」（『法蓮鈔』曾真　五十四歳）、「佐渡の国へ配流、又頸《くび》の座に望む。其の外に弟子を殺され、切られ、追ひ出され、くわれう（過料）等かずしらず」（『聖人御難事』真蹟　五十八歳）とて、弟子・信徒たちが所領を取りあげられ、土地を追われ、身内のものからさえ勘当を受けたことなどが記されている。その中でも、特に日蓮の心を痛めた事件がおきた。それは、日蓮がまだ依智にいたとき、五人の門下が鎌倉で幽閉されるという事件である。

日蓮は、かれらの身を案じて、慰めの手紙を書き送った。十月三日の日付けで真筆が残っており、『五人土籠《つちのろう》御書』（真蹟　五十歳）と呼ばれて、古来、読む者の涙をさそってきた。文面の一部をかかげると、「今夜《こよい》のかんずるにつけて、いよ〳〵我が身より心くるしさ申すばかりなし。ろう（牢）をいでさせ給ひなば、明年のはる、かならずきたり給へ。みみへまいらすべし」という。こよいの寒さにつけても、自分の身よりも五人のことが思いやられて心いたむことを記し、出獄できたなら、明年の春にでも必ず佐渡にたずねてこられよ、是非お会いしようと、あたたかい同情とこまやかな情愛でもって、慰めのことばをかけている。なお、かれらを見まもらせるために、難をのがれた大進《だいしん》阿闍梨《あじゃり》を残しておくと追記している。日蓮の門弟たちにたいする心くばりのほどが、しのばれよう。

投獄の難にあった一人に、愛弟子の日朗がいる。かれは当時、二十九歳の青年に達していた。十二歳の幼少で日蓮の弟子になって以来、ひと一倍、日蓮に随従し、信仰に励んできた。そのけなげな日朗が土牢に幽閉されたことを知って、日蓮は悲涙ほとばしる思いで慰めと励ましの筆をとった。十月九日付けの『土籠御書《つちのろう》』（五十歳）と名づけられた手紙がそれで、全文をあげておくと、

「日蓮は明日《あす》佐渡の国へまかるなり。今夜《こよい》のさむきに付《つけ》ても、ろう（牢）のうちのありさま、思ひやられていたはしくこそ候へ。あはれ殿は、法華経一部を色心《しきしん》（身心）二法共《とも》にあそばしたる御身なれば、父母・六親・一切衆生をたすけ給ふべき御身也。法華経を余人《よにん》のよみ候は、口ばかり、ことばかりよめども、心はよまず。心はよめども身によまず。色心二法共にあそばされたるこそ貴く候へ。天諸童子《てんしよどうじ》以為給仕《いいきゆうじ》刀杖不加《とうじようふか》毒不能害《どくふのうがい》と説かれて候へば、別の事はあるべからず。籠《ろう》をばし出《いで》させ給ひ候はば、とく〳〵きたり給へ。見たてまつり、見えたてまつらん。

恐恐謹言」

と書き送っている。今夜の寒さにつけても、牢の中の様子が思いやられて心いたむことをのべつつ、日朗が心のみならず、身にも『法華経』を体したことをほめたたえ、そうして、安楽行品第十四の「天の諸《もろもろ》の童子、以て給使を為《な》さん。刀杖も加えず、毒も害すること能《あた》わじ」という句を引用しつつ、慰めと励ましのことばとした。最後は、すみやかな再会を約して結んでいる。幼いときから日蓮にしたがってきた、あのけなげな日朗のすがたが目に浮ぶにつけ、あわれな思いに涙をにじませながら、筆をとったと想像される。涙なくして、書ける文章ではないからである。

鎌倉における勇猛な布教の態度や激烈な折伏《しやくぶく》の言論を見て、われわれは強剛非情な日蓮像を描きが

ちであり、事実、後世において、そのような容貌の日蓮像を多く作られたが、いま、これらの手紙に接して、むしろ日蓮こそ、人生の苦楽を思うては涙を流し、人間の悲喜を感じては涙を流す情のもろい人物ではなかったかとの印象を受ける。佐渡流罪中の作とされる『諸法実相鈔』（五十二歳）に、「現在の大難を思ひつづくるにもなみだ、未来の成仏を思ふて喜ぶにもなみだせきあへず。鳥と虫とはなけどもなみだをちず。日蓮はなかねどもなみだひまなし」「うれしきにもなみだ、つらきにもなみだなり。涙は善悪に通ずるものなり」などと、涙がうたわれているところである。

理想の真理を高くかかげて獅子吼《ししく》した日蓮の背後に、人生の苦難に涙する哀愁の情がひそんでいたことを知る。くずれおれんとする門弟たちの弱き心を叱咤・激励する日蓮が、そのかげて門弟たち以上に苦悩し、涙を流していたのである。たけき武士も、かよわき女性も、ともに日蓮に心酔して信仰の人となった秘密は、ここにあるといえよう。人生の苦難、人間の苦悩に涙する悲哀の情は、佐渡流罪から身延退隠にかけて、次第にその色を濃くしていく。

ところで、日蓮門下の中にも、このような日蓮の心情をくみとれない者が生じた。実際に、「日蓮御房《ごぼう》は師匠にてはおはせども、余りにこは（剛）し。我等はやはらかに法華経を弘むべし」（『佐渡御書』五十一歳）という者も出てきた。また、日蓮のみならず門弟たちの上にも襲いかかった嵐は、かれらに動揺と疑惑をもたらし、日蓮の攻勢的な布教態度に批判的となり、軟化する者が現われ、なかには、日蓮から離反していく者さえあった。佐渡でしたためられた『弁殿尼御前御書』（真蹟　五十二歳）に、「弟子等・檀那等の中に臆病のもの、大体、或はをち、或は退転の心あり」という。これによれば、相当数の者が弾圧にさいして退転したと思われる。「かまくらにも御勘気の時、千が九百九十人は堕《お》ちて候」（『新尼《にいあま》御前御返事』曾真　五十四歳）とさえ、表現されている。

特に日蓮にとって痛恨事は、信頼をおいた幹部のうちに、さかしら顔して日蓮を批判し、一般信者をそそのかして転向せしめる者が出たことである。かれらにたいしては、日蓮は憤りのことばをあびせた。すなわち、「よくふかく、心をくびやうに、愚癡《ぐち》にして而《しか》も智者となのりしやつばらなりしかば、事のをこりし時、たよりをえておほくの人をおとせしなり」（『上野殿御返事』断真　五十六歳）という。佐渡から門下一同にあてた『佐渡御書』（五十一歳）では、「日蓮を信ずるやうなりし者どもが、日蓮がかくなれば疑をおこして法華経をすつるのみならず、かへりて日蓮を教訓して、我賢《かしこ》しと思はん僻人《びやくにん》等」と評しつつ、「螢火《ほたる》が日月をわらひ、蟻塚《ありづか》が華山を下《くだ》し、井江《せいこう》が河海をあなづり、烏鵲《かささぎ》が鸞鳳《らんほう》をわらふなるべし、わらふなるべし」ときめつけている。しかし、内心においては「不便《ふびん》とも申す計《ばか》りなし」とて、かれらにたいし、ふびんの気持を禁じえなかったのである。

特に妻子を持つ信者にたいしては、たえがたいほどの心苦しさを日蓮は感じた。たとえば、「世間のをそろしさに妻子ある人々のとをざかるをば、ことに悦ぶ身なり。日蓮に付《つい》てたすけやりたるかたわなき上、わずかの所領を召《めさ》るならば、子細もしらぬ妻子・所従等がいかになげかんずらんと心ぐるし」（『高橋入道殿御返事』断真　五十四歳）と述懐している。日蓮信奉が助けとならなかった上、わずかの領地さえ取りあげられれば、事情も知らない妻子や家来たちが、どのように嘆くかと思うと、心ぐるしくてたまらず、むしろ、妻子のある信者たちは、自分から遠ざかるほうが気が楽だというのである。日蓮は、退転者から敵対者にたいしてまで、ふびんの思いをいだいた。苦難にあえぎながら、少しでも日蓮に心をよせようとする者にたいしては、なおさらのことであった。上のことばの前に、「かれ等のあだをなすは、いよ〳〵不便にこそ候へ。まして一日も我《わが》かたとて心よせなる人々は、いかんがをろかなるべき」というところである。

日蓮は、門下たちの苦悩に冷徹ではありえなかった。かれらの苦悩を、みずからの苦悩と感じとった。しかも、みずからは超然としつつ、かれらに上から同情の手をさしのべたのではなく、日蓮自身、受難に苦悩し、疑惑をいだき、なぜこのような苦難にあわねばならぬかと、仏天にうったえているのである。というのは、『法華経』の諸処に仏天の加護が説かれ、安穏な生活が保証されているからである。それにもかかわらず、法華信奉者が迫害を受け、苦難にあうのは、どういうわけか。かのイエスは十字架上において、「わが神、わが神、なんぞ我を見棄て給ひし」（マタイ伝二七・四六）とさけんだというが、日蓮また佐渡流罪にさいして、「世間の疑といゐ、自心の疑と申し、いかでか天扶《たす》け給はざるらん」（『開目鈔』曾真　五十一歳）と嘆じ、「定《さだん》で天の御計《はから》ひにもあづかるべしと存ずれども、一分のしるしもなし。いよいよ重科に沈む。還《かえっ》て此の事を計りみれば、我が身の法華経の行者《ぎょうじゃ》にあらざるか。又、諸天善神等の此の国をすて、去り給へるか。かた〴〵疑はし」（同上）と疑問を投じている。

これまで、たびたび苦難にあい、それが佐渡流罪によって頂点に達し、さらに苦難は門下たちへと拡大し、ここに日蓮集団は存亡の危機にさらされるにいたった。日蓮にとって、一大試練の時が到来したといえよう。ここで門下たちの動揺をしずめ、疑惑をとくためには、日蓮みずから苦悩を深め、疑惑を濃くする必要があった。かれは、みずからの苦悩と疑惑をもって受難の問題に必死に取りくみ、その解明に力をそそぐにいたるのである。佐渡時代の遺文は六〇篇ほど数えあげられるが、主要な遺文二〇篇余が、受難の問題を中心として述作されたところである。さらに、弾圧や迫害などの受難についての考察は、苦難の人生そのものについての省察ともなり、また殉難の使徒意識とともに、いっぽうで苦難を自己の人間としての罪業の結果と受けとめ、反省を加えてもいく。佐渡流罪中における受難についての考察は、こうして広く人生・人間についての思索へと進んでいったのである。

受難の理由　二年半にちかい佐渡の配流生活は、日蓮に内省の機会を与え、受難の理由の探究にそそがれた。そこで、佐渡流罪中に執筆された論書や手紙をもとにしながら、日蓮が見いだした受難の理由をまとめてみると、およそのところ、一、先業《せんごう》重罪（個人悪）二、善神捨国（社会悪）三、娑《しゃ》婆《ば》忍土（人間苦）四、菩薩行者（使命苦）の四つが立てられる。

一の先業重罪（個人悪）とは、自分が過去におかした悪行為の報いとして苦難を受けるということで、ここから自己の罪悪深重の自覚と、受難は過去の罪をあがない、未来の浄福をもたらすという考えが生まれた。たとえば、「度々失《とが》にあたりて重罪をけしてこそ仏にもなり候はん」（『土木殿御返事』真蹟　五十歳）、「大難の来るは、過去の重罪の今生《こんじよう》の護法に招き出《いだ》せるなるべし」（『開目鈔』曾真　五十一歳）、「偏《ひとえ》に先業の重罪を今生に消して、後生《ごしよう》の三悪を脱《のが》れん」（『佐渡御書』五十一歳）などというところである。

右のごとき自己反省が日蓮に見られるということは、日蓮がまま評されるごとき傲慢不遜《ごうまんふそん》な人物ではないことを暗示している。日蓮遺文をよく読んでみると、かれには早くから自己にたいする謙虚な反省が存していたことを知る。すなわち、「余は是れ頑愚《がんぐ》にして、敢《あえ》て賢を存せず」（『立正安国論』真蹟　三十九歳）、「卑賤・無智・無戒の者」「愚癡《ぐち》の凡夫」（『四恩鈔』四十一歳）などといい、佐渡流罪にさいしては、「世間にもすてられ、仏法にも捨てられ、天にもとぶらはれず。二途《にず》にかけたるすてものなり」（『四条金吾殿御返事』五十一歳）とて、自己を「すてもの」と嘆じている。この点は身延に退いてからも同様であって、「日蓮は日本第一のえせ（僻）者なり」（『国府尼《こうあま》御前御書』真蹟　五十四歳）、「日蓮は日本第一のふたう（不当）の法師」（『妙心尼御前御返事』曾真　五十四歳）、「日蓮は何《いずれ》の宗の元祖にもあらず、又末葉にもあらず。持戒破戒にも闕《かけ》て無戒の僧、有智《うち》無智にもはづれたる牛羊《ごよう》の如くなる者也」（『妙密上人御消息』五十五歳）などと自己蔑視のことばが見られるところである。

このことに関連して、やはり誤解をとく必要のあるものが、いわゆる折伏《しやくぶく》の問題である。折伏とは攻撃的な布教方法のことで、寛容的な布教方法である摂受《しようじゆ》に対する。末法の世においては、この折伏を中心とすべきことが説かれるが、それを特に強調したのが日蓮である。しかし、折伏について、また折伏を強調した日蓮について誤解が生じた。そこで日蓮は誤解をとくために、いろいろと弁明に努めた。たとえば、「これ、おごれるにはあらず。正法《しょうぼう》を惜む心の強盛《ごうじょう》なるべし」（『佐渡御書』五十一歳）、「日蓮が自讃也と心えぬ人は申す也。さにはあらず」（『乙《おと》御前御消息』五十四歳）とて、「おごれる心」や「自讃」からなされたものではなく、「正法を惜む心」からなされたものであると弁明している。

いいかえれば、折伏は正義の曇りにたいする、いわば公憤であって、個人の人身攻撃や私的な憎しみ、うらみではないということである。この点について思いおこすことは、門下が裁判所に訴えられたときに、日蓮が与えた注意である。『問注得意鈔』（真蹟　四十八歳）がそれで、その中に、

「設《たと》ひ敵人等、悪口を吐《は》くと雖《いえど》も、各々当身の事、一二度までは聞かざるが如くすべし。三度に及ぶの時は、顔貌《げんみよう》を変ぜず麁言《そごん》を出《いだ》さず、軟語を以て申すべし。各々は一処の同輩也。私に於ては全く違恨なきの由、之を申さるべきか」

という、こまごました注意が説かれている。また、公場《こうじょう》対決にさいしても、「公場にして理運の法門申し候へばとて、雑言《ぞうごん》・強言《ごうごん》・自讃気《じさんげ》なる体《てい》、人に見すべからず。浅猨《あさま》しき事なるべし。弥《いよいよ》身口意《しんくい》を調《ととの》へ、謹んで主人に向ふべし」（『教行証御書』五十七歳）と注意した。公場で道理にかなった法門を説くからといって、悪口や粗暴なことばをはいたり、自慢そうな態度をするのはあさましいことで、いっそう身《しん》・口《く》・意《い》をととのえ、つつしんで相手に対せよと戒めたものである。なお、折伏は自宗の

勢力獲得の運動ではないのであって、宗派争いはやめるべきだとたしなめてもいる。すなわち、「道心あらん人、偏党をすて、自他宗をあらそはず、人をあなづる事なかれ」（『開目鈔』曾真　五十一歳）という。以上の注意は、門下の中に高慢な態度をとる者が出たためになされたもので、日蓮のこまやかな心くばりがしのばれよう。

二の善神捨国（社会悪）とは、社会が乱れ、善神は国土を見捨てたがゆえに苦難を受けるということで、ここから末法悪世の強調と、正法《しょうぼう》による社会改革ないし仏国土建設が唱えられてくる。たとえば、「謗法《ほうぼう》の世をば守護神すて、去り、諸天まほるべからず。かるがゆへに正法を行ずるものにしるしなし。還《かえつ》て大難に値《あう》べし」（『開目鈔』曾真　五十一歳）、「此の時、……一閻浮提《いちえんぶだい》第一の本尊、此の国に立つべし」（『観心本尊抄』真蹟　五十二歳）、「此の時に当って、諸天善神、其の国を捨離し、但《ただ》邪天邪鬼等あって……法華経の行者を罵詈《めり》・毀辱《きにく》せしむべき時なり。……本門の本尊・妙法蓮華経の五字を以て閻浮提に広宣流布《るふ》せしめんか」（『顕仏未来記』真蹟　五十二歳）などと説くところである。

仏教では、異教の神々のうち、善神は正法を守る存在として採用した。日本においても、そうである。ところで国から正法が消失すれば、善神は守るべきものがなくなることになり、そこで善神捨国とか神天上《じんてんじょう》ということが主張されてくる。つまり、善神たちは国を捨てて、本来のすみかである天上に帰るという意である。逆に悪鬼がいり乱れて、種々の災難をおこすという。要は、社会悪を宗教的に表現したものである。これに関連して、興味深い問題がおきた。それは、最初にも紹介した平田篤胤の『神敵二宗論』に、真宗と日蓮宗は神の敵であると攻撃されていることである。というのは、この二宗が神社参拝を否定したのである。真宗では、正法すなわち念仏さえ唱えていれば正法守護の善神は喜ぶのであるから、それ以外の目的で神社に参拝する要はないとした。日蓮宗では、善神捨国の思想から神社参拝をしりぞけた。すなわち、日本に正法はなく、正法守護の善神は神社をあとにして天上へ帰ってしまったのであって、したがって神のいない神社に参拝しても無駄だと主張したのである。

ともあれ、日蓮は最も日本の神に同化したという批判を現代でも耳にするが、しかし、平田篤胤などから逆な意味で非難を受けたことや、戦時中に日蓮遺文の数百ヵ処が不敬の言辞ということで削除を命ぜられたり、また不敬罪に問われる日蓮教徒も出たりしたことなどを注意する必要があろう。

三の娑婆忍土（人間苦）とは、人間世界そのものが有限であり、不完全なものであるゆえに苦難を受けるということで、ここから人間の悪性にたいする堪忍《かんにん》と人生の無常にたいする諦念《ていねん》が説かれ、ひいては平安な永遠の世界が現世を超越したところに求められてもくる。たとえば、「流罪の事、痛く歎かせ給ふべからず。……命限りあり、惜むべからず。遂に願うべきは仏国なり」（『富木入道殿御返事』五十歳）、「天の加護なき事を疑はざれ。現世の安穏ならざる事をなげかざれ。……妻子を不便《ふびん》とをもうゆへ、現身にわかれん事をなげくらん。……法華経の信心をやぶらずして、霊山《りようぜん》にまいりて返《かえつ》てみちびけかし」（『開目鈔』曾真　五十一歳）、「かゝる浮世《うきよ》には互につねにいゐあわせて、ひまもなく後世ねがわせ給ひ候へ」（『法華行者値難事』真蹟　五十三歳）などと説く。これが身延退隠期になると、人生の苦難にあえぐ信徒や、特に夫や子をなくした女性信徒にたいして限りない同情をよせ、かれらとともに人生の無常・苦難を嘆きつつ、来世浄土での再会と安息を説いて、慰めのことばとするにいたっている。

四の菩薩行者（使命苦）とは、真理具現のために、わざわざ有限な人間界の、しかも苦難にみちた末法悪世に仏からつかわされたということで、現実社会の中に正法を実現していこうという菩薩行の自覚である。『法華経』の法師品《ほっしほん》第十から嘱累品《ぞくるいほん》第二十二にかけて、そのような菩薩行が強調されている。はじめに、菩薩とは仏の使徒（如来使）として仏から正法流布の使命を付与（付嘱、嘱累）されて、この世に生まれきたった者と賞揚し、ひいては、殉教の使徒意識のもと忍難捨命の実践を勧奨するところである。

ここで菩薩の本来の意味についてふれておくと、「菩薩《ぼさつ》」とはサンスクリット（梵語）のボーディサットヴァ（bodhisattva　菩提薩埵《ぼだいさった》）の音略語で、さとり（ボーディ　菩提《ぼだい》、覚《かく》）の真理をたずさえて現世に生まれきたった人びと（サットヴァ　薩埵《さった》、有情《うじょう》）という意である。具体的には、人生の苦難を堪え忍んで真理の現実具現に励む者をさす。『法華経』法師品第十では、そのような菩薩を強調して、忍難殉教の「如来使」とたたえた。

従地涌出品《じゅうじゆじゅっぽん》第十五にいたると、この娑婆《しゃば》世界の大地から上行《じょうぎょう》菩薩を頭とする菩薩集団が涌出（地《じ》涌《ゆ》の菩薩）し、仏の前に現われ、そうして仏によって、かれらこそ本来の弟子であることが明かされる。これは、苦しい現実から逃避せず、その中を生きぬいていこうと努める人びとこそ菩薩であり、仏使であることを、象徴的に表現したものである。次の如来寿量品《にょらいじゅりょうほん》第十六では、釈迦が本来、永遠の仏（久遠仏《くおんぶつ》）であることを明かす。これは、歴史的釈迦は超歴史的な永遠の釈迦（久遠釈尊）の現実に活現したものであることを示している。さらに注意すべきことは、その永遠の仏が限りなく菩薩行を実践していると説かれていることである。これをわれわれにあてはめれば、釈迦にならって不滅の真理ないし永遠の生命を現実の中に活現するよう努めるべきであり、その限りない努力・実践に即して永遠の生命（久遠仏）が感得されるということである。

日蓮は佐渡流罪の前後から、『法華経』の右のごとき部分に目をそそぐようになり、その部分に教えられて、受難はむしろ「法華経の行者」であることを証拠づけるものであるとの結論に達し、そこから、苦難にあうことを誇りとし、かえって喜びとするにいたる。また、この世に久遠釈尊からつかわされた仏使（如来使）であるとの自覚から、天台・伝教などの諸師をこえて釈尊に直結する者という独立意識をいだくようになる。さらに、いっさいの人から憎まれても、釈尊が味方であり、また殉教のあかつきには、帰りゆくべき永遠の故郷として、久遠の釈尊のいます浄土（霊山浄土）が待ちうけているとの慰めを見いだすにもいたる。たとえば、「日蓮は現在は申すに及ばず、過去未来に至るまで三世の大難を蒙り候はん事は、只偏《ひと》へに法華経の故にて候也。日蓮が三世の大難を以て法華経の三世の御利益を覚《おぼ》しめされ候へ」（『祈禱経送状』五十二歳）、「我等、末法五濁《ごじよく》乱漫に生を受け、三類の強敵《ごうてき》を忍んで南無妙法蓮華経と唱う。あに如来の使にあらずや。あに霊山《りようぜん》において親しく仏勅《ぶつちよく》を受けたる行者にあらずや」（『得受職人功徳法門鈔』五十一歳）、「信心をいたして法華経の行者にてとおり、日蓮が一門となりとをし給ふべし。日蓮と同意ならば地涌の菩薩たらんか。地涌の菩薩にさだまりなば、釈尊久遠の弟子たる事、あに疑はんや」（『諸法実相鈔』五十二歳）、「一切の人は、にくまばにくめ。釈迦仏……等にだにも、ふびんとをもわれまいらせなば、なにかくるし。法華経だにも、ほめられたてまつりなば、なにかくるしかるべき」（『四条金吾殿女房御返事』断真　五十四歳）などというところである。

いま宗教一般について見るならば、信仰が深まるにつれ、宗教のタイプは、抜苦型から忍苦型、さらに歓苦型へとおもむくものといえよう。日蓮また、そのような経路をたどったのであって、ついには、「法華経の御ゆへに已前《いぜん》に伊豆の国に流され候しも、かう申せば謙《へら》ぬ口と人はおぼすべけれども、心ばかりは悦び入って候き」（『呵責謗法滅罪鈔』五十二歳）という心境にいたっている。これを教団についていえば、俗集団から聖集団へと高まることである。そこには、世俗的価値の転換が見られる。この価値転換は、キリスト教においても強調されたところで、いわゆる「山上の垂訓」の中に、「幸福《さいわい》なるかな、心の貧しき者。天国はその人のものなり。幸福《さいわい》なるかな、悲しむ者。その人は慰められん。……幸福《さいわい》なるかな、義のために責められたる者。天国はその人のものなり。……喜び喜べ、天にて汝らの報いは大なり」（マタイ伝五・三一―二）と説かれているのが、それである。

ところで、このような価値転換を可能ならしめるためには、世俗的権威を打ち破る聖なる存在が高くかかげられねばならない。その聖なる存在を支えとして、信仰者は勇気をもって苦難に立ちむかい、また苦難の中にあって慰めと喜びをつかむのである。日蓮が釈迦を聖なる存在として、俗世の人に高くかかげるにいたったゆえんである。日蓮は受難を契機として、このような角度から改めて釈迦仏の存在を強調し、その釈迦仏を支えとして俗世の苦難に耐えていったのである。

以上のごとく、日蓮が見いだした受難の理由に四種類あることを知るが、そのときどきの状況や事件に応じて、どれかに力点が置かれてくる。そこで、佐渡における配流生活の状況と、その間におきた事件などについて、調べてみることにする。

思索の生活　日蓮の佐渡流罪についていった門弟の名や数は、正確にはわからないが、遺文に見えているところでは、日頂がいる（『富木殿御返事』真蹟　五十二歳）。また、日興の伝記である『日興上人御伝草案』（日道作）に、「サトノシマへ御トモアリ」と記されており、これによれば日興もついていったことになる。なお、富木《とき》氏と妙一尼から従者一人ずつ日蓮につけられたことが、日蓮遺文に見えているが、富木氏からの従者は寺泊《てらどまり》でかえされたことは、さきにふれたところである。なお、妙一尼は身延へも従者をつけたらしく、日蓮は、「さどの国と申し、これと申し、下人《げにん》一人つけられて候は、いつの世にか、わすれ候べき。此の恩は、かへりてつかへ（仕）たてまつり候べし」（『妙一尼御前御消息』真蹟　五十四歳）とて、報恩の念をささげ、謝意のことばとした。妙一尼は日昭の母と伝えるが、この身延からの手紙は、妙一尼が夫をなくしたことにたいする慰めの書で、感動を呼ぶ文章がつづられている。

随従者の数については、「是へ流されしには一人も訪《と》う人もあらじとこそおぼせしかども、同行《どうぎよう》七八人よりは少からず。上下のくわて（資糧）も各《おのおの》の御計《はから》ひなくば、いかがせん」（『呵責《かしやく》謗法《ほうぼう》滅罪鈔』五十二歳）とて、同行者七、八人という数が見えているが、その中には、はじめから日蓮についていった者のほかに、あとから日蓮をおって渡島したもの、島民で日蓮に感化されて弟子となった者も含まれていると考えられる。上記の書は、佐渡の配流生活が二年あまりとなったころ、四条金吾にあてた手紙で、それまで金吾が日用品を送ってくれたり、みずから訪問してくれたことにたいする感謝のしるしとして、教えを説いたものである。その時分には同行者もふえ、訪問者もあって、意を強うするにいたったと思われるが、流罪の当初は、物資の窮乏はいうにおよばず、精神の孤独にさいなまれたことと察せられる。「此の国に来ていままで候に、世間にもすてられ、仏法にも捨てられ、天にもとぶらはれず。二途《にず》にかけたるすてものなり」（『四条金吾殿御返事』五十一歳）などのことばに、それがにじみでているといえよう。

北国の離島における身も心もさむざむとした配流生活の中に、しかし日のさしきたることもあった。それは島びとで日蓮に帰信し、ひそかに世話をする者が出てきたことである。まずあげられるのが、阿仏房《あぶつぼう》夫妻である。伝説によれば、阿仏房は順徳上皇の配流に従って佐渡にわたった武士で、上皇没後は、妻の千日尼《せんにちあま》とともに念仏をとなえながら上皇の墓を守ってきたが、たまたま日蓮の来島を耳にし、念仏の敵とばかりに日蓮を襲うも、逆に教化され、それからは夫婦そろって熱心な日蓮の信徒となったという。伝説はともかくとして、多くの念仏者が日蓮を敵視するなかに、日蓮をかばって夜中ひそかに食糧をとどけるなど、尊信の誠をつくしたらしく、「阿仏房にひつをしをわせ、夜中に度々御わたりありし事、いつの世にかわすらむ。只《ただ》、悲母《ひも》の佐渡の国に生れかわりて有るか」(『千日尼御前御返事』真蹟　五十七歳)と日蓮は限りない感謝の意を表している。千日尼は、日蓮の身延退隠後、はるばる佐渡から身延まで、三回も夫をつかわしており、上の手紙は三度目の身延来訪にたいする礼状である。また、夫の阿仏房がなくなったときは、子どもの藤九郎守綱に遺骨を持たせ、身延におさめており、阿仏房一家の信仰のほどがしのばれる。

国府《こう》入道夫妻もまた、日蓮に帰信し、給仕に努めた。日蓮は身延において当時のことを思いおこし、この夫妻にも感激と感謝にみちた手紙を書き送っている。国府入道とは、住んでいた地名をとって名づけたもので、くわしいことは不明であるが、弘安元年七月、阿仏房とともに身延に日蓮をたずねたとき、稲かりの時節であったために、また手伝う子どももいなかったところから、それが気がかりで同道の途中で帰ったとの阿仏房の報告がなされており(前掲書)、これによれば、国府入道は農業にたずさわる者であったことが知られる。

ともあれ、国府入道は阿仏房と同じところに住み、阿仏房夫妻と同じく夫婦で日蓮の信者となり、夜中にこっそりと食糧をとどけたり、また、たびたび身延にも訪問しており、日蓮は、「尼ごぜん並に入道殿は、彼《か》の国に有る時は、人めをそれて夜中に食をくり、或時は国のせめをもはばからず、身にもかわらんとせし人々なり」（『国府尼御前御書』真蹟　五十四歳）と当時の夫婦のすがたを追憶し、つらかった佐渡の国ではあったけれども、ゆるされて鎌倉にもどるときは、これら夫妻のことが忘れられず、うしろ髪をひかれる思いであったという。「さればつらかりし国なれども、そりたるかみをうしろへひかれ、すすむあしもかへりしぞかし」（同上）と。

佐渡で日蓮の弟子となった者としては、最蓮房・学乗房・豊後房・山伏房などの名が遺文にあがっている。最蓮房は天台学僧で、なにかの理由で佐渡流罪となり、日蓮にめぐりあって弟子となったと伝える。すぐれた学僧であったせいか、かれに与えられた書には、重要な教理に関するものが多い。病弱なために、日蓮は祈禱書を与えてもいる。ただし、最蓮房については不明な点が多く、今後の考証が必要である。学乗房・豊後房・山伏房などについても、くわしいことはわからないが、さきの阿仏房の妻の千日尼の世話を受けていたらしく、千日尼にあてた日蓮の手紙（『千日尼御返事』真蹟　五十九歳）に、かれらの名が出ている。その手紙によると、身延退隠後、かれらを日蓮に代って佐渡の信徒たちの導き手とさせたようである。

このように、佐渡において日蓮に新しい弟子・信者ができ、日蓮の心丈夫となったのであるが、いっぽう、そのような弟子・信徒たちができたことは、当地の念仏者たちの恨みを増すことにもなった。こうしておこるのが、塚原問答と称せられるものである。

文永九（一二七二）年三月の『佐渡御書』（五十一歳）によると、佐渡の塚原に入って二カ月半たった文永九年正月十六日と十七日に、印性房《いんしょう》をはじめとする念仏者数百人が日蓮のもとにおしよせ、問答をいどんだ。文永九年正月十七日付の『法華浄土問答鈔』（断真　五十一歳）は、そのときの問答の記録といわれる。弁成《べんじょう》という者と日蓮との対論形式となっており、これによれば、印性房という念仏者は名を弁成といったことになる。『種種御振舞御書』（曾間　五十四歳）には、問答の様子がドラマティックに描かれ、けっきよく念仏者たちは日蓮に説きふせられて、再び念仏は申すまいと誓いを立てたという。この書は表現にオーバーなところがあり、その点がひっかかるが、さきにあげた阿仏房夫妻や国府入道夫妻にたいする手紙の中で、役人や念仏者たちが日蓮を監視し、そのために両夫妻とも、ひそかに夜中に食糧をとどけたと記されていることからして、激しい問難を受けることもあったろうと思われる。

塚原での佐渡配流の生活が始まってから約半年ちかくたった文永九年四月ごろ、一谷《いちのさわ》に移され、一谷入道の家にあずけられた。移動させられた理由は明らかでないが、一説では、文永九（一二七二）年の二月十一日に北条時輔《ときすけ》の反乱がおき、自界叛逆《ほんぎやく》離（内乱）についての日蓮の予言が的中したことになり、それに為政者が驚き、日蓮軽んずべからずとて待遇改善を考えたのではないかという。というのは、「九月の十二日に御勘気《かんぎ》、十一月に謀反《むほん》のものいできたり、かへる年の二月十一日に、日本国のかためたるべき大将ども、よしなく打ちころされぬ。天のせめという事あらはなり。此にやをどろかれけん、弟子どももゆるされぬ」(『光日房御書』曾真　五十五歳)とて、日蓮の予言的中に驚き、弟子たちを放免したとの記述があり、日蓮のほうは、環境のいい一谷入道宅へ移されたというわけである。理由はともかくとして、佐渡流罪がゆるされるまでの二年ちかくを、この一谷ですごすことになる。

一谷に移ってからは、新しい弟子・信徒もふえ、また、はるばる海をこえて慰問にくる門下たちもあり、物質的には十分とまではいかなかったとしても、門下たちの支援は精神的には大きな糧《かて》となり、喜びとなったことと想像される。身延退隠後もそうであるが、門下たちから金銭や食糧などがとどけられると、返事の最初に必ずといっていいほど、その品々を明細に書きこみ、そうして時機に応じた法門を説きつつ、絶大の謝辞を表しており、日蓮の至れり尽せりの心づかいに警嘆させられるとともに、門下たちの心づくしに日蓮がいかに感動したかが察せられる。たとえば、四条金吾の妻が夫に品物を託して訪問させたさいには、「はかばかしき下人《げにん》もなきに、かかる乱れたる世に此のとの(殿)をつかはされたる心ざし、大地よりもあつし、地神定《さだめ》てしりぬらん。虚空《こくう》よりもたかし、梵天帝釈《ぼんてんたいしゃく》もしらせ給ひぬらん」(『同生同名御書』五十一歳)とか、さきにもあげたように、「上下のくわて(資糧)も各《おのおの》の御計《はから》ひなくばいかがせん。是偏《ひとえ》に法華経の文字の各《おのおの》の御身《おんみ》に入り替らせ給ひて、御助けあるとこそ覚《おぼ》ゆれ」（『呵責謗法滅罪鈔』五十二歳）と最上の謝辞を呈している。

なお、佐渡の日蓮へとどけものをした信者のなかに、かれの故郷に住む光日尼《こうにちあま》という女性がいた。その女性から衣服をおくられたときのことを身延入山後に追懐し、辺国に流された蘇武《そぶ》や中国に遣唐使として渡った阿倍仲麻呂の故事を引用しながら、かの蘇武は雁《かり》の足に結びつけられた文《ふみ》を得ただけであるが、自分は現に故郷の地から衣《ころも》をおくられたので、比較にならないほどの慰めを感じたと深謝の意を手紙にしたためた（『光日房御書』曾真　五十五歳）。また、鎌倉からの訪問者の中には、夫と離別した一婦人がいた。その女性の経歴は不明であるが、文永九年五月、かよわい女性の身でありながら、しかも幼児をつれて、はるかな佐渡の地に日蓮をたずねてきた。日蓮は、「いまだきかず、女人《にょにん》の仏法をもとめて千里の路をわけし事を」（『日妙聖人御書』断真　五十一歳）とて、そのこころざしに感激し、日妙聖人という尊称をさずけた。また、夫との離別については、「一《ひとり》の幼子《おさなご》あり。あづくべき父もたのもしからず。離別すでに久し。かたがた筆も及ばず、心弁《わきま》へがたければ、とどめ了《おわん》ぬ」（同上）と慰めようもないほどに無限の同情をそそぎ、結びとしている。

『女人某御返事』（断真　五十一歳）なる遺文が残っているが、文面から右の女性に与えられたものと思われる。その中で日蓮は、

「て（手）みれば、との（殿）もさわらず。ゆめうつつわかずしてこそをはすらめ。とひぬべき人のとぶらはざるも、うらめしくこそをはすらめ」

「をとこ（夫）のわかれは、ひび・よる〳〵・つき〴〵・とし〴〵かさなれば、いよ〳〵こいしさまさり、をさなき人もをはすなれば、たれをたのみてか人ならざらん」

と心のうちをおしはかり、ともに痛嘆している。

この日妙聖人と尊称された女性は、日蓮が身延山に入ってからも、たずねていったようで、そのけなげな信仰心に日蓮もほとほと感心し、「いかなる事も出来《しゅつらい》候はば、是へ御わたりあるべし。見奉らん。山中にて共にうえ死にし候はん」（『乙御前御消息』五十四歳）とさえ、説きすすめるにいたっている。幼子は乙御前《おとごぜん》と呼ばれたらしく、最後にその子にふれ、「又、乙御前こそ、おとなし（成長）となりて候らめ。いかにさかしく候らん。又又申すべし」と結んでおり、こまやかな日蓮の心くばり、思いやりがしのばれる。

日蓮があずけられた一谷《いちのさわ》入道について見ると、かれは一谷の豪農で、念仏信者であったが、日蓮をかばって親切をつくした。日蓮は身延において当時のことを思いおこし、謝礼の手紙を書き送った。『一谷入道御書』（断真　五十四歳）と名づけられたもので、その中で日蓮あずかりの責任者である名主《みようしゅ》たちは日蓮を父母の敵以上に憎んだが、日蓮の宿をした一谷入道夫妻たちは、前世のゆかりでもあったか、内心にふびんと思い、名主からさしわたされた少量の飯を日蓮たちが二口、三口ずつ折敷や手に分けあって食べるすがたを見て、かげながら助けてくれたとのべつつ、この恩は永久に忘れることはできないと感謝した。「我を生みておはせし父母よりも、当時は大事とこそ思ひしか。何《いか》なる恩をもはげむべし」とさえいう。阿仏房の妻にあてた手紙には、一谷入道の家の阿弥陀堂の廊下にかくまわれて、たびたび命を助けられたことは、いかにしても忘れることはできないと記されている（『千日尼御前御返事』真蹟　五十七歳）。これによれば、一谷においても、しばしば迫害がおきたようである。

ところで、一谷入道は念仏を捨てて、すっかり日蓮に帰信したのではなかったらしく、そのことが最後まで日蓮の心のこりとなった。これについて、一つのエピソードが存する。それは、「鎌倉の尼の還《かえ》りの用途に歎きし故に、口入《くにゅう》有りし」（『一谷入道御書』）とのべられているように、さきの日妙聖人と名づけられた女性が鎌倉に帰る旅費にこまり、そこで日蓮が心配して、その調達を一谷入道に頼み、その代りとして『法華三部経』十巻を与えると約束した。しかし、入道が念仏を捨ててはいなかったために、『法華経』をわたさず、そのまま身延に去った。その後、「本銭《もとせん》に利分を添《そえ》て返さんとすれば、又弟子が云く、御約束違《たが》ひなんど申す」（同上）というので、どうしようかと思ったが、ついに『法華経』十巻をわたした。ただし、入道よりも祖母のほうが『法華経』に心をよせているから、祖母の所持としてほしいと注文をつけた。このエピソードから、かたくなと思われるほど信仰の筋を通す日蓮のきびしい姿が目に浮かんでくるが、いっぽう、一女性信者のために金を工面してやり、のちに利子をつけて返そうと考えたり、弟子から約束が違うとたしなめられ、そこで、はじめの約束どおり『法華経』十巻をわたしたなどというところには、きわめて人間味をおびた日蓮像が浮びあがってこよう。

なお、一谷でおきた迫害であるが、顕著なものとしては虚御教書《そらみぎょうしょ》事件があげられる。それは文永十年十二月、前武蔵守《むさしのかみ》で佐渡を支配していた北条宣時《のぶとき》が、幕府の命令を偽造して、日蓮にしたがう者は厳重に取りしまること、違反する者があれば、その名を知らせよとの檄《げき》をとばしたことである。その「虚御教書」を日蓮は書きうつして門弟たちに知らせ、動ずることのないように覚悟をうながし、いまこそ殉教・殉難の仏使としての菩薩が出現する時であると励ました。『法華行者値難事』（真蹟　五十三歳）が、それである。この中に、「文永十年十二月七日、武蔵の前司《ぜんじ》殿より佐渡の国へ下す状に云ふ」とて、「虚御教書」が掲載されている。後年の手紙によると、この「虚御教書」は三度も出されたという（『窪尼《くぼあま》御前御返事』断真　五十七歳）。

また、「虚御教書」が出された背景には、良観忍性など当時の仏教界の権力者たちの策謀があったともいう（『千日尼御前御返事』真蹟　五十七歳）。さきにもふれたように、良観忍性は戒律堅固の清僧であり、まれに見る慈善事業家として、生き仏のごとく尊敬された人物であるが、教権者の一人として、なにほどか虚御教書事件に関係したかもしれない。

鎌倉にとどまった門弟たちは、日蓮の一日も早くゆるされて帰ることを念願し、信徒の代表格である富木常忍《ときじょうにん》等が中心となって、釈放運動がおこされた。それを耳にした日蓮は心よしとせず、「日蓮の御免を蒙らんと欲するの事を色に出す弟子は、不孝の者なり」（『真言諸宗違目』真蹟　五十一歳）と強くいましめた。さらに富木氏にたいして、「御勘気ゆりぬ事、御歎き候べからず候」（『富木殿御返事』真蹟　五十二歳）と書き送り、刑のゆるされないことを嘆いてはならない、自分は佐渡で殉難捨命する覚悟でいるとのべ、また門下たちにたいして、「設《たと》ひ身命に及ぶとも、退転することなかれ」（『法華行者値難事』真蹟　五十三歳）と叱咤《しった》激励した。

日蓮は圧力に屈して自己の所信を曲げることを、断乎として拒否したのである。そうして、真理に妥協なしとの旗印のもと、激しい折伏《しやくぶく》の言動を展開した。そこに、日蓮の強烈な性格が見られよう。ただし、それはあくまで、真理を守り、正法の世を実現せんとする、ひたすらな願いから出たものであって、権力闘争や人身攻撃でもなく、私的な怨恨でもないことは、日蓮みずから、たびたび弁明するところである。たとえば、

「生涯本《もと》より思ひ切て候。今に翻返《ほんへん》なく、其の上、又違恨なし。諸《もろもろ》の悪人は又、善知識なり。摂《しよう》受《じゆ》・折伏《しやくぶく》の二義は仏説に任す。敢《あえ》て私曲にあらず。万事、霊山《りようぜん》浄土を期《ご》す」（『富木殿御返事』真蹟　五十一歳）

という。これをいいかえれば、個に立ちかえったときの日蓮の心境は静寂そのものであり、反省を自己に向け、他にたいしては寛容であり、死にたいする覚悟は、人生にたいする深い諦念となり、ひいては帰りゆくべき永遠の故郷としての浄土（霊山浄土）に思いをいたすようにもなる。

そこには、北国の離島での隔絶された生活ということも、関係していよう。佐渡の、特に真冬の気候・風土は苛烈であり、その上、しばしば弾圧の嵐も吹きすさび、日蓮を苦しめ、悩ませた。しかし、

佐渡の自然の風光、隔絶された離島生活が、いっぽうで日蓮に沈思・内省の機会を与えたことも事実である。受難ということも、あずかって力あったといえよう。さきに見たように、受難の理由の探究が、人生についての省察ともなったところである。こうして、佐渡流罪中に日蓮の真理観・世界観ないし人生観が確立してくる。その結晶が、塚原での『開目鈔《かいもくしょう》』（曾真　五十一歳）であり、一谷《いちのさわ》での『観心本尊抄《かんじんほんぞんしょう》』（真蹟　五十二歳）である。

宗教の精髄　配流の生活が与えた内省の機会、受難の理由を求めての深刻な省察、問難にたいする反論を通しての信念の確認、これらが重なりあって、日蓮は思索を深めていき、ひいては宗教真理の体系書を作成するにいたる。文永九年二月の『開目鈔』、翌十年四月二十五日の『観心本尊抄』が、それである。

これらの書は、一般的にいえば宗教の上に立っての真理観・世界観・人生観の確立であり、一口にいえば宗教の精髄を説き明かしたものである。後書の『観心本尊抄』は一谷に移ってからのもので、著作年月日が最後に記されているが、前書の『開目鈔』は、文中に「日蓮といゐし者は去年九月十二日子丑《ねうし》の時に頸はねられぬ。此は魂魄《こんぱく》佐渡の国にいたりて、返年《かえるとし》の二月、雪中にしるして、有縁《うえん》の弟子へ」おくるとあり、竜口《たつのくち》法難の翌年二月ということから、文永九年二月作と推定される。なお、竜口で首きられ、魂が佐渡にきて、この書を記したということばは、竜口法難ないし佐渡流罪が、日蓮に一つの大きな転機となったことを暗示している。それは、死の自覚であり、覚悟である。そうして、いわゆる死して成ったものが『開目鈔』であり、『観心本尊抄』である。佐渡においても、しばしば死の危険を感じさせるような目にあっており、そういうことで日蓮は死を覚悟し、自己の信念を門弟たちに書きのこしておこうという気持も働いたと思われる。

死の危険にさらされたことについては、「さどの国までゆく。今日切る、あす切る、といひしほどの四箇年」（『報恩抄』断真　五十五歳）、「佐渡国にてきらんとせし」（『妙法比丘尼御返事』五十七歳）などと記されている。死の覚悟については、「命限りあり、惜むべからず。遂に願うべきは仏国なり」（『富木入道殿御返事』五十歳）、「日蓮臨終、一分《いちぶん》も疑なし。刎頭《ふんとう》の時は殊《こと》に喜悦あるべく候」（『富木殿御返事』真蹟　五十一歳）などという。『開目鈔』などが死を覚悟して門弟たちに書き残されたものであることは、同書に「かたみともみるべし」と説かれ、『種種御振舞御書』（曾真　五十四歳）に、「開目鈔と申す文《ふみ》二巻造りたり。頸《くび》切らるるならば日蓮が不思議とどめんと思ひて勘《かんが》へたり」とあり、『顕仏未来記』（曾真　五十二歳）には、「今年今月、万が一も身命を脱《の》がれがたきか。世の人、疑あらば、委細の事は弟子に之を問え」と指示を与えている。

このように佐渡流罪が日蓮に死の覚悟をもたらし、それが契機となって日蓮の思想に大きな転回が訪れた。そのことを『三沢鈔』（五十七歳）に、「法門の事は、さどの国へながされ候し已前《いぜん》の法門は、ただ仏の爾前《にぜん》の経とをぼしめせ」という。爾前とは真実以前のものという意で、つまり、佐渡流罪以前の思想は仮りのものであり、それ以後に真実・究極のものが現われるということである。続けて、

「まことの大事をば申すべし」とのことばが存する。ところで、死の危険をはらんだ苦難を日蓮は全く意に介しなかったのではない。また、単純に死の覚悟がなされたわけでもない。そこには受難にたいする深刻な悩みと疑いが介在していたことは、すでに先に検討しておいた。『開目鈔』に、「此の疑は此の書の肝心、一期《いちご》の大事なれば、処々にこれをかく上、疑を強くして答をかまうべし」とて、受難にたいする疑問が『開目鈔』作成の動機であるとさえいわれているのである。

　そこで、まず『開目鈔』について簡単に解説すると、この書は文永九年（五十一歳）の二月に塚原で作成されたものであるが、身延に保存されていた真蹟は、明治八年の大火で焼失した。日蓮の主要書であるため、その注釈・解説は多数にのぼっている。なお、『観心本尊抄』が漢文体であるのにたいし、『開目鈔』は和文体で、その点、一般むけのものであり、『観心本尊抄』への橋わたしをなすものといえよう。『観心本尊抄』は法華思想の真髄そのものを解明・論究したものであるが、『開目鈔』は仏教外のインド思想および儒教・老荘などの中国思想から仏教へ、仏教に入っては小乗仏教から大乗仏教へ、大乗仏教に入っては権《ごん》大乗から実大乗へ、実大乗の『法華経』に入っては迹門《しゃくもん》（前半部）から本門《ほんもん》（後半部）へ、ついには『法華経』の表面の教相から内奥の真髄（観心）へと人びとを次第に誘導し、究極の真理に目を開かしめるという体裁をとったものである。後世、内外《ないげ》相対・大小相対・権実《ごんじつ》相対・本迹《ほんじゃく》相対・教観相対の「五重相対」という教判が生みだされたゆえんである。一般的にいえば、一種の比較宗教論と評せよう。

最初に、「夫れ一切衆生の尊敬すべき者三つあり。所謂《いわゆる》主・師・親これなり。又習学すべき物三つあり。所謂儒《じゅ》・外《げ》・内《ない》これなり」とことわり、そうして、まず儒教や老荘などの中国の代表的思想を取りあげ、論評を加えている。その論評は、それまで中国や日本で仏教者がなしてきたものと同類で、儒教について見れば、それは現在ばかりを問題とし、過去・現在・未来の三世永遠に立って観察することをせず、その説く倫理は一時的・限定的な世俗倫理にすぎないと評した。次にインドの諸思想を取りあげ、どのような批判が仏教からなされたかを紹介している。特に釈迦当時の自由思想で、六師《ろくし》外道《げどう》と総称された六人の代表的思想家を取りあげ、そこに見られる苦行主義や快楽主義、唯物論や感覚論、自然主義や虚無主義などの誤りの根源をさぐり、そこから仏教へ導入していく。仏教に入っては、仏教思想の進展状況と、それにともなって産出された経説や論説を紹介・通観し、最後に法華思想へと誘導していった。

日蓮が最後に『法華経』を持ちきたり、法華思想を究極のものとみなしたのは、その前半（迹門）において、方便品《ほうべんぼん》第二を中心として諸法を統一した一乗妙法が説き明かされ、その一乗妙法に貫かれた宇宙の実相が描写されており、後半（本門）において、如来寿量品《にょらいじゅりょうほん》第十六を中心として諸仏を統一した久遠釈尊が説き明かされ、その久遠釈尊を通して永遠の生命が強調されているからである。さらにまた、一乗妙法を信じ、久遠釈尊を仰ぎながら、仏国土建設に努める菩薩行が奨励されているからである。こうして、『法華経』は真理と生命と実践について諸経をまとめたものとして、日蓮は最高視したのであり、『開目鈔』は諸思想・諸宗教を比較しながら、それを明らかにしようとしたものである。なお、『開目鈔』には「法華経の行者」ということばが二十六回も使われているが、これは『法華経』に強調された忍難殉教の菩薩のことで、たび重なる受難から、その菩薩に自己をあてるにいたったものである。

日蓮は文永九年四月ごろ、佐渡の塚原から一谷《いちのさわ》に移されたが、翌文永十年（五十二歳）の四月二十五日、その一谷で述作されたものが『観心本尊抄』である。真蹟が現存しているが、全篇十七紙からなり、表裏に書かれ、しかも紙は一様ではなく、これからおしても、生活が不如意であったことが知られる。前年の三月二十日、門弟たちにあてた『佐渡御書』（五十一歳）の追伸に、「佐渡国は紙候はぬ上、面面に申せば煩《わずらい》あり」とて、紙の欠乏を訴えている。なお、文筆の資料となる書籍を門弟たちに依頼してもいる。窮乏生活が門弟たちの心づくしによって、なにほどか補われ、かれらの涙ぐましい奉仕によって、かろうじて配流生活が保たれたことを思わせるものである。

『観心本尊抄』は、正式の題名を「如来滅後《にょらいめつご》五五百歳《ごごひゃくさい》始《し》観心本尊抄《かんじんほんぞんしょう》」という。「如来滅後五五百歳始」とは、釈迦滅後の第五の五百年（末法時代）に始めて究極最高の真理が現われるという意である。重病には高貴薬が用いられるように、末法濁悪の世は真理の精髄たる最高の教法によって救われるのであり、そういうわけで、末法時代にこそ最高の教法が現われ、真理の精髄が明かされるというのである。その真理の精髄について論じたものがこの書であり、それは、われわれの信奉すべき対象（本尊）であり、心の支えとして心に観じられるべきものゆえ、「観心本尊」と名づけたのである。日蓮の最も重要な書として、昔から数多くの注釈がなされ、八十種ほどに達している。

はじめに中国の天台智顗《ちぎ》（五三八—五九七）の法華三大部（天台三大部）の一つである『摩訶止観《まかしかん》』（五九四）を取りあげ、その第五巻に説かれている一念三千論を紹介している。一念三千とは、ミクロ（極小、一念）の世界とマクロ（極大、三千）の世界が究極的真理（妙法）に貫かれて相関し、渾然《こんぜん》一体となっていることを表現したものである。『観心本尊抄』は、この一念三千の説を最初にかかげ、天台以後の注釈者の解説も参照しつつ、改めて宇宙の実相を明らかにし、全体宇宙像を描きだしている。なお、ミクロからマクロまで全体宇宙を貫き、統一する究極的真理（妙法）そのものについては、すでに『法華題目鈔』（断真　四十五歳）などに解説されている。すなわち、天台の説を参照しつつ、妙に絶・具・開・蘇生の義を与えた。つまり、絶対の真理であり、一切を具するものであり、そこから一切が開きだされ、それによって一切が生かされるということである。『観心本尊抄』はまず、その妙法に貫かれた全体宇宙の構成について論じ、それから究極的真理としての妙法へと論を進める。

「妙法」とは、正式には「妙法蓮華経」といわれるもので、『蓮華経』の題名であるところから「題目」と呼ばれたりもしているが、これは単なる経典名ではなく、宇宙の究極的・統一的真理を表現したものであり、真理の精髄（要法《ようぼう》）を説き明かしたものとされる。妙法に「蓮華」という語が付せられた由来は、『法華経』従《じゆう》地《じ》涌《ゆ》出品《じゆつぽん》第十五の「世間の法に染まざること、蓮華の水に在るが如し」ということばに存する。つまり、蓮華は泥沼でしか育たず、しかも、その泥に汚されないで美しい花を咲かせるように、妙法も悪苦にみちた現実の世の中において、しかも美しく浄らかな社会の実現へと開花されるべきものであり、それに向かって実践されるべき真理だということである。そのような実践をする者が、すなわち菩薩で、涌出品の蓮華のたとえは、実は菩薩についていったものである。その蓮華が妙法に付されたのは、妙法が菩薩の実践の真理であることを示している。最後の「経」とは、仏の教えのことばを意味しており、それが妙法に付されたのは、妙法が単なる死んだ理法ではなく、そこには久遠の仏という永遠な人格的生命の働きが見られるということである。仏教一般でいえば、法は「教法」であり、「仏法」である。

こうして、「妙法蓮華経」とは、宇宙の統一的理法（妙法）であり、それは菩薩の実践的行法（蓮華）であり、人格の生命的表現（経）である。これら三要素が、一つになったものである。統一的理法については、さきにもふれたように、方便品第二を中心として『法華経』の前半部（迹門）に明かされ、生命的表現については、如来寿量品第十六を中心として後半部（本門）に明かされ、実践的行法については、両部門にまたがるが、法師品《ほっしほん》第十から嘱累品《ぞくるいほん》第二十二の間で明かされる。日蓮は、本門とともに、その実践的行法を説いた部分に注目し、本門と重なったところを取りだして、そこに力点を置くにいたった。すなわち、従地涌出品第十五から嘱累品第二十二までの八章で、これを「八《はっ》品《ぽん》」と称した。『観心本尊抄』に、「此の本門の肝心、南無妙法蓮華経の五字に於ては……但《ただ》地《じ》涌《ゆ》千界を召して八品《はっぽん》を説いて、之を付属したまう」というところである。

ここで「地涌」とは地涌菩薩のことで、従地涌出品で釈迦が未来の布教をつのったところ、大地から上行《じょうぎょう》菩薩を頭とする菩薩集団が涌き出て、釈迦から未来布教の使命を付与（付嘱）されたことに由来する。大地から涌き出た菩薩とは、現実の人生のただ中で苦しみを堪えながら健闘している人びとを象徴したものである。そういう人びとこそ仏の使徒（如来使）であり、仏のあとをついで真理の現実具現、理想社会の建設に努める者ということである。さきに従地涌出品に「蓮華」のたとえがあることを指摘しておいたが、それは、このような地涌の菩薩たち、このような現実健闘の人びとをたとえたものであって、「世間の法に染まざること、蓮華の水に在るが如し」という句のあとに、そのように「地より涌出《ゆじゅつ》す」ということばが続くのである。

さて信仰の対象ないし心のよりどころとしての本尊であるが、一乗妙法という真理（法本尊）と久遠釈尊という人格（仏本尊、人《にん》本尊）の二つが立てられる。しかし、この二つは、根底において一なるものである。久遠釈尊について見ると、それは一乗妙法の人格的・生命的表現であり、永遠なる人格的生命として心に観ぜられるものである。そのことを『観心本尊抄』に、「我等が己心《こしん》の釈尊は、五百塵点乃至《じんでんないし》所顕の三身《さんじん》にして無始の古仏なり」と解説している。「五百塵点」とは、如来寿量品第十六において釈迦仏の生命の永遠なることをたとえた数で、要は仏の生命の限りなきことをいったものである。

「三身」とは仏教一般において立てられた法身《ほっしん》・報身《ほうじん》・応身《おうじん》の三つの仏身をさし、ここでは久遠釈尊が三身一体の仏なることをいったものである。法身《ほっしん》とは永遠・普遍な真理を本質とすることを意味し、応身《おうじん》とは現実の世界に応現した歴史的釈迦をさし、報身《ほうじん》とは本質としての超歴史的な永遠の真理（法身）が歴史的現実に具現され、実証されたすがた（因行果徳身《いんぎょう》）をさす。三身一体とは、釈迦が単に永遠な抽象的理法でもなく、またインドに出現して八十歳でなくなった有限な歴史的人物にとどまるのでもなく、超歴史的にして、しかも歴史的現実に活現し、躍動する永遠なる人格的生命体なることをいったものである。

ここから進んで、一乗妙法を信じ、久遠釈尊を仰ぎ、それらを心に観ずることによって、ただいまの現実世界（娑婆《しゃば》）の当処に永遠の世界（浄土）が感得されることを主張するにもいたる。すなわち、「今本時《ほんじ》の娑婆世界は、三災を離れ四劫《しこう》を出でたる常住の浄土なり」と説く。いま本来の娑婆世界は、三つの災難や四つの変化・生滅の理（生・住・異・滅）をこえた常住の浄土だという意である。ここで「娑婆」とは、サハー（sahā）を音写したもので、意味は「忍」である。この現実世界は忍苦の世界ということから、娑婆と名づけるにいたったものである。そのような苦難にみちた、有限な現実の人生のただ中において、信仰を通して永遠の生命、永遠の境地がつかまれるというのである。彼此《ひし》相対をこえた絶対浄土の主張で、さきに規定づけた三種の浄土でいえば、ある浄土ということになろう。

日蓮はまた、一乗妙法ないし久遠釈尊を個人の信仰対象（本尊）にとどめず、単に心に観ずる（観心）だけでなく、現実社会の中に具現すべきことを主張し、具現としての実践を強調した。「事行《じぎよう》の南無妙法蓮華経」ということばが、それを示している。菩薩行の強調であり、浄土国土あるいは仏国土建設の主張である。三種の浄土でいえば、なる浄土の主張である。日蓮は、いままで時が熟さなかったために題目の事行や本尊の具現がなされず、ただ心に理念的に観ぜられていたにすぎないが、いま濁悪・動乱の末法時代に、まさにそれがなされるのであると説く。そこで、『法華経』に明かされた上行《じようぎよう》等の四菩薩を頭とする地涌《じゆ》菩薩団の一員として、題目の事行、本尊の具現、ひいては仏国土の建設に努めねばならないとすすめてくる。「今末法の初《はじめ》、……天地顚倒《てんどう》せり。……此の時、地涌の菩薩、始めて世に出現し、但《ただ》妙法蓮華経の五字を以て幼稚《ようち》に服せしむ」「此の時、地涌《じゆ》千界《せんがい》出現して、本門の釈尊の脇士《きようじ》となりて、一閻浮提《いちえんぶだい》第一の本尊、此の国に立つべし」というところである。

このような菩薩行に関連して注意すべきことばが、『観心本尊抄』に見えている。それは、「此の四菩薩、折伏《しやくぶく》を現ずる時は賢王となって愚王を誡責《かいしやく》し、摂受《しようじゆ》を行ずる時は僧となって正法《しようぼう》を弘持《ぐじ》す」という文である。折伏・摂受ということは『勝鬘経《しようまんぎよう》』や『大日経《だいにちきよう》』に説かれており、積極的・攻勢的に邪悪を破砕していく布教方法が「折伏」で、寛容な態度で相手を許し、受けいれていく布教方法が「摂受」である。末法の世になると、重悪を犯して罪と感じない人間や、真理とか正義など存在しないとうそぶいたり（謗法《ほうぼう》）、ずるかしこく立ちまわる邪智・高慢な人間が増えてくる。そういう人びとや世の中にたいしては、折伏の方法がとられねばならない。また日蓮のごとく、権力に抗して社会改革をめざす場合には、折伏という強い態度が必要である。そういうことで、しばしば日蓮は折伏を口にし、『開目鈔』においても、それに言及した。

ところで後世、右の『観心本尊抄』の折伏・摂受説にたいして誤解が生じた。たとえば今次の大戦にさいし、一部の日蓮主義者が「折伏を現ずる時は賢王となって」をことばどおりに受けとり、日蓮は僧であったから、まだ摂受の時代と考え、大東亜戦争こそ、ほんとうの折伏の時代であり、この時において、賢王（当時の天皇）が愚王を攻めるのであると解釈するにいたった。ひいては、当時の戦争を折伏行とみなしつつ、破邪顕正の聖戦であると高唱したのである。この解釈は、しかし曲解といわねばならない。なるほど、日蓮は僧であった。しかも、日蓮自身は自分の時代を摂受の時代とはいっておらず、常に折伏の時代と強調している。それでは折伏賢王・摂受聖僧ということに矛盾するのではないかとの疑問がおこるかもしれないが、それは、ことばどおりに受けとるからである。

折伏賢王とは、折伏を行ずるときは賢王が愚王を攻めるがごとき積極的な態度でなせということで、実際に賢王となり、武力をもって破砕することを説いたものではない。そうして、いっぽう摂受を忘れてはいけないということで、摂受聖僧が、ただし書きとして後につけられたのである。折伏は権力・武力で実際に相手を征服することではなく、あくまで正法の伝道にあり、その意味で忍難摂受の僧としての一線を逸脱してはならない。これが、『観心本尊抄』の折伏・摂受説の真意である。

『開目鈔』では、「無智悪人の国土に充満の時は摂受を前《さき》とす。安楽行品《あんらくぎょうほん》のごとし。邪智謗法《ほうぼう》の者の多き時は折伏を前《さき》とす。常不《じょうふ》軽品《きようぼん》のごとし」と説かれているが、「常不軽品のごとし」とは、『法華経』常不軽菩薩品第二十に、ある菩薩が、あう人びとに「我敢《あえ》て汝等を軽しめず、汝等まさに作仏《さぶつ》すべきが故に」といって、万人礼拝の行をなしたことが語られており、それをさしたものである。つまり、折伏とは相手の人格を軽しめず、いつかは仏になることを信じて合掌礼拝することである。折伏の基底をなすものは慈悲の精神であり、折伏行は愛の積極的な表現（慈）である。それゆえに、大悲の痛みとしての摂受を裏面に持つものである。

　こうして日蓮は『観心本尊抄』において、法（真理）・仏（人格ないし生命）・菩薩（人間ないし実践）の三要素を「妙法蓮華経」という題目に集約させ、それを通して信仰対象としての本尊を確立したのである。それは、仏教思想あるいは宗教信仰の精髄を体系化したものともいえよう。後に、この本尊が図形（曼荼羅《まんだら》）に表わされて、門下たちに授与されるにいたった。なお、同書には『観心本尊鈔副《そえ》状《じょう》』（真蹟）と名づけられた追伸が付されているが、それによると、『観心本尊抄』は富木《とき》氏を通して門下たちに授けられたものであることを知る。その副状の中に、「末輩師弟共に霊山《りょうぜん》浄土に詣《まいつ》て、三仏の顔貌《げんみょう》を拝見したてまつらん」とのことばが見えている。ここでいう霊山浄土とは、死後おもむくべき来世浄土で、三種浄土のうちのゆく浄土にあたる。

　こうして、ある浄土（絶対浄土）となる浄土（浄仏国土）とゆく浄土（来世浄土）の三種浄土が『観心本尊抄』に出そろうことになる。これら三種の浄土は、矛盾対立したものではなく、根底は一なるもので、それが時と場合に応じて三種の説きかたとなったと考えられる。ともあれ、日蓮は佐渡において殉難捨命の覚悟をし、ひいては、そのはてにおいて帰りゆくべき永遠の故郷として、来世浄土を説きだすにいたったのである。

V　永遠への思慕

絶望のはてに　佐渡で命の終わることを覚悟した日蓮であったが、文永十一年二月十四日付で赦免《しやめん》状が出され、三月八日、佐渡にとどいた。日蓮、数えて五十三歳の年である。赦免状が出たのは、流罪の期限がきたからか、あるいは他の理由によるものか、その点は明らかでない。日蓮遺文には、「科《とが》なき事すでにあらわれて、いゐし事もむなしからざりけるかのゆへに、御一門諸大名はゆるすべからざるよし申されけれども、相模《さがみ》の守《かみ》殿の御計《はから》ひばかりにて、ついにゆり候て、のぼりぬ」（『中興《なかおき》入道御消息』五十八歳）とて、日蓮の無罪が判明し、また予言が的中したからでもあるのか、北条一門や諸大名は反対したけれども、執権の時宗《ときむね》のはからいで、ついにゆるされ、鎌倉に帰ることになったという。これは、一つの推測であろう。なお、伝説によれば、弟子の日朗が赦免状をたずさえ、佐渡の日蓮のもとへはせ参じたという。

赦免状の年月日については、『光日房御書』（曾真　五十五歳）に、「文永十一年二月十四日の赦免状、同三月八日に佐渡の国につきぬ」と記されているところであるが、その赦免状を受けとった日蓮は、三月十三日に佐渡を立ち、二十六日に鎌倉に着いたという。途中のコースについては、同じく『光日房御書』に、「十三日に国を立ちて、まうら（真浦）というつ（津）にをりて、十四日は、かのつ（津）にとどまり、同じき十五日に越後の寺どまり（泊）のつ（津）につくべきが、大風にはなたれ、さいわひにふつかぢ（二日程）をすぎて、かしはざき（柏崎）につきて、次の日は、こう（国府）につき、十二日をへて三月二十六日に鎌倉へ入りぬ」と記されている。門下たちは、日蓮を再び鎌倉に迎えいれて喜びにあふれ、また鎌倉における日蓮の活動を大いに期待したと想像される。ところが、その期待に反する結果が生ずることになる。

鎌倉に帰還した日蓮は、四月八日、かって日蓮を捕えた平左衛門尉《へいのさえもんのじょう》頼綱に呼ばれ、蒙古襲来の時期について質問を受けた。それにたいして日蓮は、今年をすぎることはないだろうと答えたという。たとえば、「去年の四月八日に平左衛門尉に対面の時、蒙古国は何比《いつごろ》かよせ候べきと問ふに、答て云く、経文は月日をささず、但し天眼のいかり頻《しき》りなり、今年をばすぐべからずと申したりき」（『法蓮鈔』曾真　五十四歳）、「頼綱問て云く、いつごろかよせ候べき。日蓮言く、経文にはいつとはみへ候はねども、天の御けしき（気色）いかりすくなからずきう（急）に見へて候。よも今年はすごし候はじと語りたりき」（『撰時抄』真蹟　五十四歳）などと記されている。頼綱がこのような質問をしたということは、それまで日蓮が行なってきた予言に耳をかすにいたったことを示すものといえよう。それはまた、日蓮の赦免をうながした一つの理由かもしれない。

ところで、よも今年はすぎないだろうとの日蓮の返答は、事実となって現われた。すなわち、それから半年後の文永十一年十月、蒙古が襲来したのである。日蓮の予想があたったわけであるが、これは、日蓮に生まれつき特別の予知能力がそなわっていたからであろうか。しかし、予測材料が全然なくて未来を予知するということは考えられないのであって、蒙古襲来の時期についての日蓮の予知は、時代・社会の状況や国家内外の動勢にたいする鋭い観察、一口でいうならば、時勢を見るに敏なるところから生まれたものといえよう。文永十年、佐渡一谷《いちのさわ》での書と推定される『大果報御書』（五十二歳）に、「かうらい（高麗）むこ（蒙古）の事うけ給はり候ぬ」とあり、そのころの朝鮮（高麗）や中国（蒙古）の情勢が、門下から日蓮へ報告されていたことを知るのである。

このように、当時の中国・朝鮮の情勢をつかみ、そこから蒙古の日本襲来のせまっていることを鋭敏に感じとったと思われる。身延入山後まもなくの完成と推定される『法華取要抄』（真蹟　五十三歳）に、佐渡の民衆が太陽が二つに見えるといってさわいだこと、それが経典には世の乱れを暗示する現象として説かれていることを取りあげ、「二の日並び出《いず》るは、一国に二の国王を並ぶる相なり。王と王との闘諍《とうじょう》なり」と論じており、これは、同書から六十年も後の南北朝の争いを予言したものであると一部で考えられているが、もしそうだとすると、この予言も、当時の王権の状態にたいする日蓮の鋭い観察から生じたものといえよう。つまり、日蓮の予言は時代・社会・国家ないし国際情勢にたいする深い関心が因となってなされたもので、そこに日蓮の宗教の特色があるといえよう。

さて、日蓮は蒙古襲来の時期についての返答とともに、諸宗が法華に帰一すべきこと、真言で蒙古調伏《ちょうぶく》の祈禱をしては、いよいよ国滅ぶべきことを諫言したという（『撰時抄』真蹟　五十四歳）。しかし、このような諫言も、けっきょくは無視された形となった。というのは、日蓮が真言祈禱の停止をすすめたにもかかわらず、その二日後の四月十日、幕府は東寺第一の智者とされた加賀法印定清《じょうせい》に雨乞いのための真言祈禱を命じているのである。日蓮にとっては、もはや断念するほかなかったといえよう。ちなみに翌十一日に雨は降ったが、十二日には大風となり、人畜や家屋に多大の被害をもたらした。日蓮は、それを誤った祈禱が逆効果を招いたものときめつけた。すなわち、「去《い》ぬる文永十一年四月十二日の大風は、阿弥陀堂加賀法印、東寺第一の智者の雨のいのりに吹きたりし逆風なり」（『報恩抄』断真　五十五歳）という。この大風は、相当の被害をもたらしたものであることは、『北条九代記』に、「四月十二日大風、草木枯槁《こごう》す。十月五日蒙古寄せ来り、対馬《つしま》に着く」とて、蒙古襲来とともに文永十一年の二大事件として報ぜられていることから知られる。

その蒙古襲来にそなえても、朝廷や幕府は、諸宗の主要寺院や僧侶たちに敵国退散の祈禱を行わせた。主として真言祈禱ではあるが、法華祈禱もなされ、また禅僧なども祈禱に参加し、神社は神社で祈りをささげた。このように真言祈禱のみならず、法華祈禱や、その他、種々の祈禱が社寺においてなされたことは、もちろん日蓮の知るところであったろう。したがって、日蓮が真言祈禱を否定したことは、単に法華祈禱ならいいというのではなく、法華祈禱も含めて、あれやこれやと無秩序・無統一に、いわば手あたり次第に諸種の祈禱を行なう、そのありかたにたいする批判であったと考えられる。すでに『立正安国論』（真蹟　三十九歳）の最初に、そのような雑然とした信仰ないし祈禱に批判を向けたところである。そこでは、法華祈禱も批判の対象にあがっている。

つまり日蓮は、わけもなく法華最第一を執し、法華祈禱を主張したのでなく、打って一丸となす強力な態勢のためには、全体統合を説く『法華経』を支柱とすることが最上の方法であると考えてのことであった。その点は、天台智顗《ちぎ》も伝教最澄《さいちょう》も同様である。智顗は、それまでの種々な教判論議に終止符を打つべく『法華経』を最高の位置にすえ、統一仏教を樹立したのであり、最澄また『法華経』を柱として、雑然とした奈良諸仏教を統一しようと努めたのである。

したがって、問題は真言とか法華とかいうことよりも、いかにして一致した見解や信念を生みだし、統一的な実践活動をおこすかということにあり、それが実現されなければ、個人の魂の救いは別として、社会や国家にたいする強い規制力とはならず、社会不安や国難を除去するものとはならないということである。日蓮が諸宗の雑然たる信奉の状況を批判し、それにたいして法華信奉を主唱し、法華祈禱を唱道した真意は、ここにあったと考えられる。

しかし、このような日蓮の真意もついに理解されず、かれの主張もついに認容されず、ここに、現実の社会・国家にたいする絶望と断念が到来する。ひいては、俗界の超越、人生の放棄が、日蓮の心をしめるようになる。すでに四月八日の面談のときに、期待は失っていたようで、『撰時抄』（真蹟　五十四歳）によれば、「王地に生れたれば身をば随へられたてまつるやうなりとも、心をば随へられたてまつるべからず」と語ったという。これは、端的に俗界超越を表現したものである。日蓮は『撰時抄』で、文応元年の『立正安国論』呈上のさいと、文永八年の佐渡流罪のための逮捕のさいと、文永十一年の鎌倉帰還のさいと、三たびなした進言を「三度のかうみよう（高名）」と称しているが、この三度の進言は、日蓮の思想の三度の転回を意味するもので、三回目の進言において、俗界・俗権の超越の思想を強く打ちだしたのである。

明治の文豪の高山樗牛《ちょぎゅう》（一八七一—一九〇二）は、三回目の進言に日蓮の面目躍如たるものを見いだした。樗牛は初期においては日本主義を奉じ、そこから神道を賞揚しつつ、仏教やキリスト教などの外来宗教を攻撃した。しかし三十歳の夏に大喀血をし、敗亡意識におちいった。ひいては心の支えを模索するようになり、ついに日蓮に信をおくにいたる。かれは、日蓮の俗権にたいする抵抗の精神と、俗界にたいする超越の思想に強くひかれ、そこに自己の敗亡意識が救われる思いをしたのである。三十二歳のとき、樗牛は『日蓮と基督』という題で論文を執筆し、その中で、さきの日蓮の「王地に生れたれば身をば随へられたてまつるやうなりとも、心をば随へられたてまつるべからず」（『撰時抄』）ということばを取りあげ、イエスの「カイザル（帝王）の物はカイザルに、神の物は神に返せ」（マタイ伝二二・二一）ということばと合わせながら、宗教の意義はこれらのことばに尽きるとし、このようなことばを「宣告し得る日とあらば、吾人《ごにん》は走って其の靴の紐を結びても彼れの門下とならむ哉《かな》」と嘆じた。

日蓮は、ついに現実にみきりをつけ、「三度《みたび》国をいさむるに用ひずば、山林にまじわれ」（『報恩抄』断真　五十五歳）という古例にしたがい、鎌倉を立って身延の山深くへ去るにいたる。聖者・賢者は、ひけどきを知るということでもあろうか。かれ自身、「力をよばず、山林にまじはり候ぬ」（『上野殿御返事』五十三歳）ともいう。鎌倉を立ったのが文永十一年五月十二日、身延についたのが十七日であった。コースについては、身延到着後すぐ信徒の富木氏へ送った手紙に、「十二日さかわ（酒匂）、十三日たけのした（竹之下）、十四日くるまがへし（車返）、十五日ををみや（大宮）、十六日なんぶ（南部）、十七日このところ」（『富木殿御書』真蹟　五十三歳）と報告されている。身延は、有力な信徒である波木井《はきい》氏の領するところで、その縁で身延の地が選ばれ、なくなるまで八年四カ月間、身延山中の退隠生活が営まれたのである。

山深くに入る　日蓮が身延に入山した理由と意図については、古来いろいろな説が立てられてきた。高山樗牛は、「暫く其の生国を蒙古の膺懲《ようちょう》に任せ、身は身延に退隠して忍むで機縁の熟するを待つ」（『日蓮上人と日本国』）とて、蒙古襲来にそなえて入山したのだという。現代でいえば、一種の疎開である。事実、疎開を思わせるようなことばが、日蓮に見えている。たとえば、佐渡の国府《こう》入道に、「蒙古国の日本にみだれ入る時は、これへ御わたりあるべし」（『こう入道殿御返事』真蹟　五十四歳）とさそっており、また、夫と離別後、乙《おと》御前と呼ばれる幼子をつれて佐渡と身延に日蓮をたずねたことのある日妙尼にたいして、蒙古襲来のときは「前にしたくして、いづくへもにげさせ給へ」とか、

「いかなる事も出来候《しゅつらい》はば、是へ御わたりあるべし。見奉らん。山中にて共にうえ死にし候はん」（『乙御前御消息』五十四歳）とすすめている。

しかし、これらは蒙古襲来を目前にして記述されたもので、入山当初の意向とはいえない。そこで入山当初の意向をのべたものを探してみると、次のようなことばが見いだされる。それは、さきにもあげた身延到着の日に書かれた手紙に、「いまださだまらずといえども、たいし（大旨）はこの山中、心中に叶《かなひ》て候へば、しばらくは候はんずらむ。結句は一人になりて日本国に流浪すべきみ（身）にて候」（『富木殿御書』真蹟　五十三歳）とのべられているものである。これによれば、身延は一時の滞在地であって、ゆくゆくは日本全国を流浪するつもりであったことが知られる。つまり、身延入山は一時のことで、本来は世捨てびととなって一人さまようことを考えていたのである。これは、現実にたいする絶望が人生放棄をもたらしたものといえよう。

それゆえか、衣食とぼしい身延の山中に一人で死ぬことを思い、従者たちを送りかえしている。さきの富木氏への手紙の最初に、「けかち（飢渇）申すばかりなし。米一合もうらず。がし（餓死）しぬべし。此の御房たちもみなかへして、但《ただ》一人候べし」という。他の手紙では、「日蓮をも不便《ふびん》と申しぬる弟子どもをも、たすけがたからん事こそ、なげかしくは覚え候へ」（『乙御前御消息』五十四歳）、「いかにも今は叶《かな》ふまじき世にて候へば、かかる山中にも入りぬるなり。各々も不便とは思へども、助けがたくやあらんずらん」（『南条殿御返事』真蹟　五十五歳）などと、山中に一人死ぬべき身として、弟子をも助けがたいことを嘆いている。そこには、人生にたいする敗北感さえ、ただようのを思わせる。現実とのたたかいに刀おれ、矢つきた日蓮の姿が目にうかぶ。身延山中の生活は、それに一段と拍車をかけることとなった。

みずから選んだ道とはいえ、人里はなれた物資とぼしい山中に、冬は厳しい寒さに見舞われ、痛ましいほどに凄惨《せいさん》な生活が展開されていった。その模様をしばしば門下たちに訴えており、おもなものを次にあげてみると、

「今年のけかち（飢渇）に、はじめたる山中に、木のもとに、このはうちしきたるやうなるすみか、をもも（思）ひやらせ給へ」（『上野殿御返事』真蹟　五十三歳）

「かかる山中の石《いわ》のはざま、杉の下に身を隠し心を静むれども、大地を食とし、草木を著《き》ざらんより外は、食もなく衣も絶えぬ」（『法蓮鈔』曾真　五十四歳）

「ゆきかたくなる事金剛のごとし。いまにきゆる事なし。ひるもよるもさむくつめたく候事、法にすぎて候。さけはこをりて石のごとし。あぶらは金ににたり。なべ・かまに小水あればこをりてわれ、かんいよ〳〵かさなり候へば、きものうすく食ともしくして、さしいづるものもなし」（『兵衛志殿《ひょうえのさかん》御返事』断真　五十七歳）

「五尺のゆきふりて本よりもかよわぬ山道ふさがり、といくる人もなし。衣もうすくてかん（寒）ふせぎがたし。食たへて命すでにをはりなんとす」（『上野殿御返事』真蹟　五十八歳）

などと記されている。山中生活の悲惨さについては、入山当初と晩年において多く語られているが、入山当初は門下たちの支援の手がまだ及ばなかったこと、晩年は日蓮の体の衰弱にともなって、厳しい自然が身にしみて感ぜられたことによるといえよう。日蓮は、五十六歳の冬ごろから冷えこみによる下痢症状をおこし、それが慢性化して、次第にやせ衰えていく。

孤独な深山の生活は、以上のごとくして始まったが、しかし、しばらくして弟子・信徒たちが師の身の上を案じ、使いに食物や衣類をとどけさせたり、みずから慰問におもむいたり、なかには日蓮のそばに仕える者も出てきた。世を捨て、また世の中から捨てられたと思った日蓮も、門下たちの温情には感動おくあたわず、感涙にむせぶ思いで礼状をしたためた。右にあげた手紙の中には、困窮のありさまが誇張的に表現されているものも存するが、それは、門下たちから受けた供養の感謝・感激し、そのありがたさを強調したものである。たとえば右の『法蓮鈔』のことばは、「……食もなく衣も絶えぬる処に、いかなる御心ねにて、かくかきわけて御訪《とい》のあるやらん。知らず、過去の我が父母の御神《みたましい》の御身に入りかはらせ給ふか。又知らず、大覚世尊の御めぐみにやあるらん。涙おさへがたく候へ」と続くのであり、最後にあげた『上野殿御返事』は、「……食たへて命すでにをはりなんとす。かかるきざみ（刻）にいのちさまたげの御とぶらい、かつはよろこび、かつはなげかし。一度にをもい切ってうへし（餓死）なんとあん（案）じ切って候つるに、わづかのともしびにあぶらを入れそへられたるがごとし。あわれ〱たうとくめでたき御心かな。釈迦仏・法華経定めて御計らひ候はんか」と続くものである。そのほか、衣類や食物の供養を受けて、いかに助かったかということをいい表わすために、寒気や困窮のさまを描写した手紙が多数、見いだされる。

このように、はじめは山中をさまよい、飢えて死ぬ覚悟であったが、次第に門下たちの供養や慰問あるいは給仕を受けるようになって、日蓮の身延退隠の生活は定着化し、衣食とぼしく風雪きびしい環境ながらも、閑寂な深山の中で、人生超絶の境地にひたっていくようになる。ときに宇宙の内奥ふかくに沈潜しゆき、そこに秘められた絶対の真理と一つになり、ときに宇宙の無限のかなたへ飛翔しゆき、そこにみなぎる永遠の生命に身をひたすにいたる。再び現実に目を向けることもあったが、それは聖なる宗教の世界から俗なる現実の世界を見おろすものであり、永遠の世界から未来のあるべき姿を展望するものであった。仏国土の実現は、きたるべき未来に託し、みずからは永遠への思慕を高めていったのである。

未来にかける　日蓮は、すでに佐渡流罪中に死を覚悟して未来記を著わすにいたっている。たとえば、一谷《いちのさわ》で執筆された書に『顕仏未来記』（曾真　五十二歳）があるが、その後部において、「今年今月、万が一も身命を脱《の》がれ難きなり。世の人疑あらば、委細の事は弟子に之を問え」というところである。これが身延退隠になると、いよいよ仏国土の実現は自己の生きている間には不可能であることをさとり、それを未来の門下たちに託するにいたる。ここから改めて未来記を著わし、未来展望に努めるようになる。その典型的な書が『撰時抄』（真蹟　五十四歳）で、「夫れ仏法を学せん法は、必ず先づ時をならうべし」ということばが最初にあがっている。真理を顕現するには、よく時期を知り、時節を選ぶことが必要なことをいったものである。

未来記としての『撰時抄』は、まず時代・機根・国情などの問題について考察をほどこし、「仏眼をかつて時機をかんがへよ、仏日を用《もちい》て国土をてらせ」と強調しつつ、過去において時代・機根・国情ないし社会状況に応じて仏教がどのように進展していったかをふりかえり、日蓮当時までの一種の仏教史をひもとき、それに評価を加え、その上で未来のあるべきすがたを予測し、描きだしている。そのなかには、日蓮がふみ行なってきた布教活動のあとも顧みられ、そうして弟子たちに将来を託している。すなわち、「されば我が弟子等、心みに法華経のごとく身命もおしまず修行して、此度《このたび》仏法を心みよ。南無妙法蓮華経、南無妙法蓮華経」という。

ここから日蓮は、未来にそなえて宗教の精随を要素的に煮つめるにもいたる。本門《ほんもん》の本尊《ほんぞん》・戒壇《かいだん》・題目《だいもく》の、いわゆる三秘《さんぴ》がそれである。すでに佐渡流罪の最後の年である文永十一年の正月、これに言及しはじめており、『法華行者値難事』（真蹟　五十三歳）に、「本門の本尊と四菩薩と戒壇と南無妙法蓮華経の五字と之を残したまう」とて、本門の本尊と戒壇と題目は天台・伝教両大師も説きのこしたところであり、それは時機が熟していなかったからであるとし、「今既に時来れり。四菩薩、出現したまわんか」とのべている。佐渡末期に構想が立てられ、身延入山の直後に筆をとったと考えられる『法華取要抄』（真蹟　五十三歳）になると、「問て云く、如来滅後二千余年に竜樹・天親《てんじん》・天台・伝教の残したまえる所の秘法とは何物ぞや。答て曰く、本門の本尊と戒壇と題目の五字となり」とて、はっきりとした定型化が見えてくる。

身延入山の二年後に著わされた『報恩抄』（断真　五十五歳）では、具体的な説明を加えながら、三秘が強調されるにいたった。すなわち、

「問て云く、天台・伝教の弘通《ぐずう》し給はざる正法《しょうぼう》ありや。答て云く、有り。求めて云く、何物ぞや。答て云く、三《みつ》あり。末法のために仏、留め置き給ふ。迦葉《かしょう》・阿難等、馬鳴《めみょう》・竜樹等、天台・伝教等の弘通せさせ給はざる正法なり。求めて云く、其の形貌《ぎょうみょう》如何。答て云く、一《ひとつ》には日本乃至一《いち》閻浮提《えんぶだい》一同に本門の教主釈尊を本尊とすべし。所謂《いわゆる》宝塔の内の釈迦・多宝、外の諸仏、並に上《じょう》行《ぎょう》等の四菩薩脇士《きょうじ》となるべし。二《ふたつ》には本門の戒壇。三《みつ》には日本乃至漢土・月氏・一閻浮提に人ごとに有《う》智無智をきらはず、一同に他事をすてて南無妙法蓮華経と唱ふべし」

というところである。

いま三秘について簡単に解説すると、まず「本尊」とは根本的に尊崇すべきものを意味する。日蓮は、それに久遠釈迦仏をあてた。次に「題目」のほうを先に取りあげると、それは妙法蓮華経のことで、宇宙の統一的真理をさしたものである。本尊（仏、人格）と題目（法、真理）とは、もと一体のものであるが、分けていえば、本尊としての久遠釈迦仏は上に仰ぐべき人格であり、題目としての妙法蓮華経は心に信ずべき真理である。この点について日蓮は、「あをぐところは釈迦仏、信ずる法は

法華経なり」（『盂蘭盆御書』真蹟　五十九歳）と説いている。また、仏と法と衆生《しゆじよう》との関係に言及しては、「法華経は種の如く、仏はうへての如く、衆生は田の如くなり」（『曾谷殿御返事』五十五歳）とか、「南無妙法蓮華経と心に信じぬれば、心を宿《やど》として釈迦仏懐《はら》まれ給ふ」（『松野殿女房御返事』五十九歳）

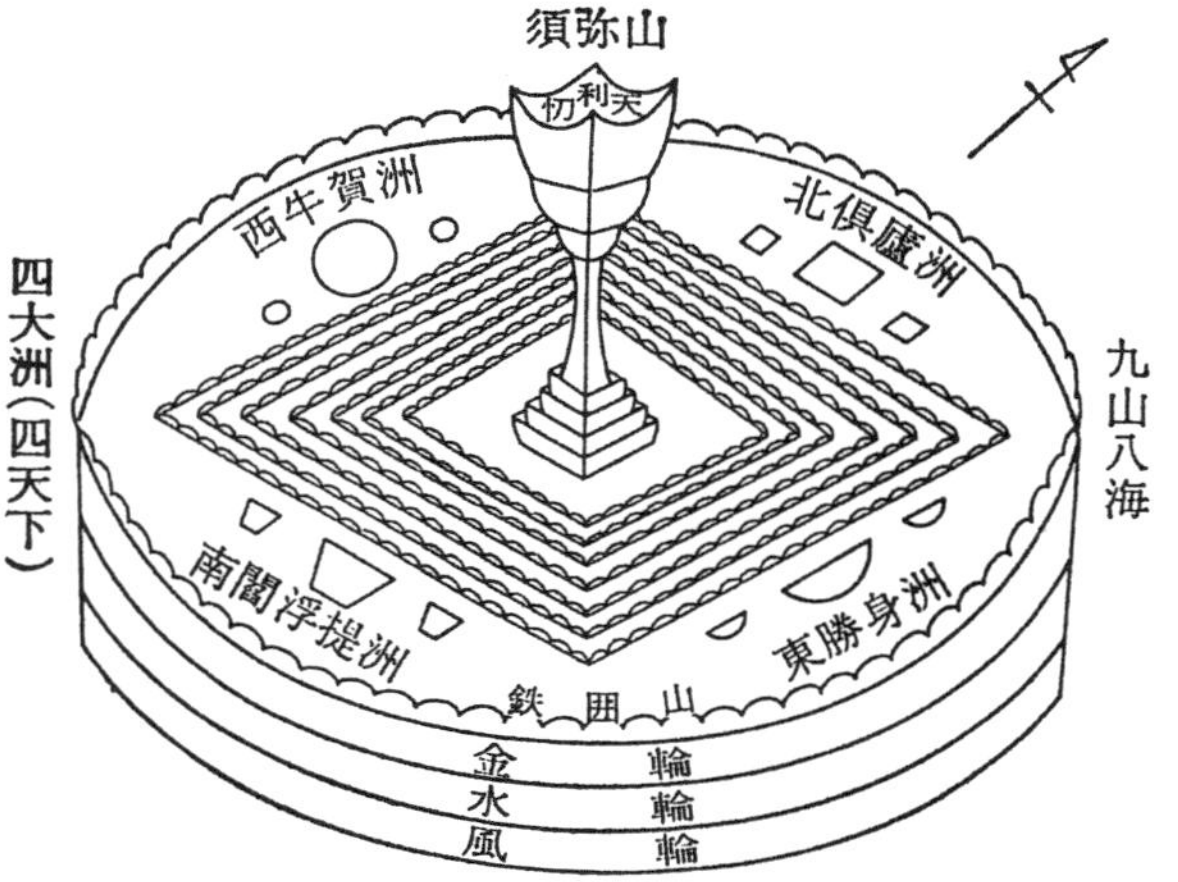

須弥山図（古代インドの宇宙観）

などと説く。宇宙の統一的真理（一乗妙法）は、ひややかな単なる自然理法ではない。そこには、永遠なる人格的・生命的躍動が見られる。その面を取りだして表現したものが、久遠釈迦仏である。われわれは宇宙の統一的真理に帰依すること（南無妙法蓮華経）によって、永遠なる人格的・生命的働き（久遠仏）が、われわれに作用し、われわれもまた永遠な生命に包まれるのである。

二番目にあがっている「戒壇」とは、直接には戒律を授受する儀式場を意味しており、真理の実践・実証にかかわるものであり、信仰の生活化・社会化をめざしたものである。日蓮が本尊・戒壇・題目と並称した場合の戒壇とは、もとの意味を拡張して、全世界が帰一する中心的機関としたものである。そのような機関が設置されることによって、真実・平等・平和な社会（仏国土）が確固として実現すると考えたのである。目的は、仏国土の建設にある。その仏国土とは日本に限定されたものではなく、全世界・全宇宙的なものである。さきにあげた『報恩抄』の文中に、「一閻浮提《いちえんぶだい》」という語が見えるところである。閻浮提《えんぶだい》とはジャンブ・ドゥヴィーパ（Jambudvīpa）を音写したもので、もとインドの地をさしていたが、のちに世界全体を意味するにいたった。そういうことで、日蓮のいう「一閻浮提」とは、全世界をさす。なおまた、「一（四）天四海」という語も見える。閻浮提と同様に古代インドの宇宙論によったもので、やはり全世界の意に使われる。たとえば、さきの『法華取要抄』の最後に、「国土乱れて後、上行《じょうぎょう》等の聖人出現し、本門の三つの法門、之を建立し、一四天四海一同に妙法蓮華経の広宣流布《るふ》、疑いなきものか」という。

さらに注意すべきことは、三秘を説いた文中に、上行等の四菩薩が付記されていることである。これは、『法華経』に説き明かされた地涌《じゆ》の菩薩団のリーダーたちであることは、前に見ておいた。地涌の菩薩とは、未来に戒壇を建立し、末法悪世を改革して平和な楽土を実現すべく、この地に久遠釈尊から派遣された仏使（如来使）のことであった。久遠の仏を仰ぎ、一乗の法を信じ、世界平和を念願して人生を健闘する人びとが、この仏使たる地涌の菩薩にあたる。そういうわけで、戒壇建立・楽土建設には、上行等の四菩薩をリーダーとする地涌の菩薩が、欠くことのできない存在として付記されたのである。

以上のごとく、日蓮は世界的視野に立って未来を展望したのであるが、これが当時の日本にたいする強い批判ともなった。当時の日本は悪法の国として、むしろ亡滅されるべき存在とさえ、日蓮の目にうつるにいたる。ちょうど蒙古襲来が、日本亡国論に手ごろな材料となった。文永十一年五月に身延に退隠してから五カ月後の十月、いよいよ蒙古が襲来したが、その情報は、いちはやく門下から知らされたらしく、十一月十一日付の上野（南条）氏への手紙に、すでに蒙古襲来のことがふれられている。すなわち、「大蒙古国よりよせて候と申せば、申せし事を御用ひあらばいかになんどあはれなり。皆人の当時のゆき（壱岐）つしま（対馬）のやうにならせ給はん事、おもひやり候へば、なみだもとまらず」（『上野殿御返事』五十三歳）とて、自分の進言が用いられていたら、どうなったであろうかと思うと、あわれでならず、また壱岐・対馬のようになるかと思うと、涙がとどまらないとのべている。

その後も、たびたび蒙古襲来のことに言及し、侵略を受けた壱岐・対馬の惨状について詳述した。たとえば、

「文永十一年の十月、ゆき（壱岐）・つしま（対馬）のものども一時に死人となりし事は、いかに人の上とをぼすか。当時も、かのうて（打手）に向いたる人々のなげき、老いたるをや、をさなき子、わかき妻、めづらしかりしすみかうちすてて、よしなき海をまほり、雲のみ（見）うれば、はた（旗）かと疑ひ、つりぶねのみゆれば、兵船かと肝心《きもこころ》をけす。日に一二度、山えのぼり、夜

に三四度、馬にくらををく。現身《うつしみ》に修羅道をかん（感）ぜり」（『兄弟鈔』断真　五十四歳）
「男をば或は殺し、或は生取《いけどり》にし、女をば或は取集めて手をとをして船に結付《ゆいつ》け、或は生け取りにす。一人も助かる者なし」（『一谷入道御書』断真　五十四歳）
「京と鎌倉とは但《た》だ壱岐・対馬の如くなるべし。前にしたくして、いづくへもにげさせ給へ」（『乙御前御消息』五十四歳）
「もうこのつわものせめきたらば、山か海もいけどりか、ふねの内か、かうらい（高麗）かにてうきめ（憂目）にあはん」（『富木尼御前御書』真蹟　五十五歳）
「今一度も二度も大蒙古国より押し寄せて、壱岐・対馬の様に、男をば打ち死《ころ》し、女をば押し取り、京・鎌倉に打ち入りて、国主並に大臣・百官等を搦《から》め取り、牛馬の前《さき》にけたて、つよく責めん」（『妙密上人御消息』五十五歳）

などという。このように壱岐・対馬の惨状を強調しつつ、蒙古襲来は日蓮の進言を受けいれず、悪法日本を改めようとしないためにおきたものであるとし、蒙古はむしろ、謗法《ほうぼう》の国日本を治罰するためにやってきた「隣国の聖人」であるとさえ、説くにいたった。「度々いさめらるれども、いよいよあだをなすゆへに、天の御計ひとして、隣国の聖人にをほせつけられて此をいましめ」（『撰時抄』真蹟五十四歳）とか、「隣国の聖人に仰せ付《つけ》て日本国を治罰し、仏前の誓状を遂《とげん》とをぼしめす」（『下山御消息』断真　五十六歳）などというところである。

蒙古襲来は、他国侵逼《しんぴつ》難にたいする日蓮の予言が的中したものとして、日蓮に信服する門下たちは、むしろ喜びと思うかもしれないとさえいう。すなわち、「いゐし事むなしからずして、大蒙古国もよせて、国土もあやしげになりて候へば、いかに悦び給はん」(『妙一尼御前御消息』真蹟　五十四歳)と。もちろん日蓮にも、日本に生を受けたえにしを思い、生国を愛する心はあった。その生国にたいする愛情からすれば、蒙古によって日本が滅されることは、日蓮にとって悲しみであったことはいうをまたない。その意味からすれば、蒙古の襲来を日蓮が喜ぶということは、いわれのないことである。かれ自身、「日蓮房はむくり国のわたるといへばよろこぶと申す。これ、ゆわれなき事なり」(『南条殿御返事』真蹟　五十五歳)とことわっている。ただ、日蓮は民族・国家を超越した普遍的な世界宗教の立場に立って、日本の絶対性を否定し、批判を加えたのであり、そこに、日蓮の宗教者としての真《しん》面目《めんもく》が見られる。

後世の伝によれば、日蓮は日本守護・蒙古撃退の曼荼羅《まんだら》を図顕したといわれるが、広く世界的見地に立った日蓮が、そのようなものを作成したとは信じられない。この点について、かの高山樗牛《ちよぎゆう》は『日蓮上人と日本国』の中で、「国家主義によりて自家宗門の昌栄を望みたる日蓮宗の俗僧等」が、「蒙古襲来に対して調伏《ちようぶく》の祈禱を行じたりとの事実を捏造《ねつぞう》して、国民の耳目を迎合せむと努む。荒誕《こうたん》無稽《むけい》も亦《また》甚しと謂ふべし」と評し、「日蓮にとりて日本は大い也、然れども真理は更《さら》に大い也」とて、普遍的な真理に忠実たらんとした日蓮において、調伏の対象となったものは、むしろ、真理に反する謗法《ほうぼう》の国日本であると論じている。また、元寇《げんこう》記念像と称して日蓮の銅像を博多に建てたことにたいしても、「是れ亦《また》、蒙古調伏の妄誕に依拠せる妄挙のみ、無意義も亦《また》甚しと謂ふべし」と非難し、「嗚《あ》呼《あ》日蓮の世に知られざる、蓋《けだ》し又久しい哉《かな》」と慨嘆した。

ところで、蒙古襲来は大風雨のために敗退する結果となった。この蒙古の敗退は、日蓮の予言が不発に終ったことを意味するといえよう。不思議なことに、日蓮は大風雨による蒙古敗退について一言もふれていない。それは、予言が結果的にはあたらなかったことにたいする敗北感のせいか。あるいは、蒙古退散は一時的なもので、再び襲来して日本を滅ぼすだろうと考えたからか。後世、日蓮をかばうべく、日蓮が蒙古調伏の曼荼羅を図顕し、蒙古退治の祈禱を行なったから、蒙古は敗退したとの説を作りあげたりしたが、これは、あまりにも見えすいた画策といわねばならない。

いったい、日蓮の予言が結果としては的中しなかったとしても、それによって予言の意義が消えさるものではないし、日蓮の存在価値が否定されるものではないであろう。古今東西の歴史を見ると、予言者の多くは、現実には悲劇的な敗北に終っている。しかし、予言者の崇高な精神や殉難の活動は、歴史にさんとして輝くものであり、永久に語りつがれ、ほめたたえられてきている。予言者の意義は、地上の俗的権力を恐れず、天上の聖なる権威に身をよせ、高く広い見地から俗世の歩みに不惜身命《ふしゃくしんみょう》の警告をなすところに存する。日蓮また、そのような予言者の一人であったといえよう。日蓮の予言とは反対の結果から、また反対の結果にたいする日蓮の沈黙から、敗北者としての日蓮のみじめさを想像し、日蓮を低く評価することもできよう。しかしながら、聖なる宗教の世界、大いなる真理の立場から俗権に抵抗し、迫害を忍受しつつ警世の言動に身を投じたことでもって、日蓮の務めは果されたのである。こうして、いまは俗世を超越した聖なる世界に永遠・絶対の境地を味わう身となったのである。蒙古敗退にたいする沈黙は、その現われと考えられる。

超俗に生きる　身延における日蓮の住居は仮りずまいのみすぼらしいもので、三、四年のあいだには柱くち、壁おち、月の光もれいり、風の吹きこむ荒れはてたすがたとなった。しかし、人夫もいないところから、日蓮について学んでいた子弟たちの手を借りて、なんとか修理しようと努めた（『庵室修復書』断真　五十六歳）。そのころには、学生たちも相当数、集まってきたようで、『兵衛《ひょえ》志《さかん》殿御返事』（断真　五十七歳）に、「人はなき時は四十人、ある時は六十人」と記されている。これは、静かに余生をすごしたいという気持からすれば、わずらわしいものであったことは、同書に「心には、しづかにあじちむすびて、小法師《こほうし》と我が身計《ばか》り御経よみまいらせんとこそ存じて候に、かかるわづらわしき事候はず。又としあけ候わば、いづくへもにげんと存じ候ぞ」と述懐していることから察せられる。

しかし、弟子・門下たちの心づくしの送りものや、遠路はるばる日蓮を慕っての訪問や、日蓮について真理を学びとろうとするけなげさには、深く打たれるところあり、感謝と喜びの念を表わしつつ、できるだけ、それに報いようと努めた。弘安二年（五十八歳）の三月、曾谷《そや》氏が多額の金銭を供養し、それによって、日蓮は百余人もの学生たちを養い、講義や討究の会を開いた(『曾谷殿御返事』五十八歳)。弘安四年(六十歳)の十一月には、波木井《はきい》氏たちの願いを受けいれ、小坊や厩などの付属する本格的な道場が建築されるにいたる。「坊は十間四面に、また、ひさしさしてつくりあげ」(『地引御書』曾真　六十歳)とあるところから、相当の大堂であったことが知られる。こうして、はじめは退隠の場所であったならしや柱を立てるなどの労働さえも買って出たという。波木井氏の一族の者は、地のが、次第に子弟育成の道場へと進展していった。当時、日蓮の主要な門弟たちは、日蓮のあとをついで各地へ布教に出かけており、身延で育成されていた子弟は、いわば二世に属するものである。

日蓮の身延生活は、このように門下たちの支援のもと、十分とはいえないにしても、ゆとりが生ずるようになり、日蓮みずからは、静寂な山中に法楽の日々を送るにいたる。入山当初は、きびしい身延の自然が嘆きをもって語られたが、のちには、冥想の佳境として深山幽谷の閑寂をたたえることばも見えてくる。その代表的な書として、『身延山御書』があげられよう。この書の述作年代については、建治元年(五十四歳)と弘安五年(六十一歳)の二説あり、考証を要するが、「誠に身延山之栖《すみか》は、ちはやふる神もめぐみを垂れ、天下《あま》りましますらん。心無きしづの男しづの女《め》までも心を留めぬべし。哀れを催す秋の暮には、草の庵《いお》に露深く」というふうに、美文調で身延の景観がつづられている。そうして、「伝へ聞く釈尊の住み給ひけん鷲峰を我が朝此の砌《みぎり》に移し置きぬ」といい、最後は、「立ちわたる身のうき雲も晴れぬべし、たえぬ御法《みのり》の鷲の山風」という歌で結んでいる。そのほか『松野殿女房御返事』（五十八歳）には、まわりの峰々を紹介しつつ、「猨《ましら》のなく音《こえ》、天に響き、蟬のさゑづり、地にみてり。天竺《てんじく》の霊山《りようぜん》、此処に来れり。唐土の天台山、親《まのあた》りここに見る」と描写され、そうして、「昼夜に法華経をよみ、朝暮に摩訶《まか》止観を談ずれば、霊山《りようぜん》浄土にも相似たり」と感懐がのべられている。

こうして日蓮は、常寂たる深山にあって超俗の生活を送り、永遠の境地を味わっていったが、そこから改めて現実の世に目を向けることもあった。そのさいに説きだされたものは、徹底した現実超越の思想である。世法・王法の俗的権威にたいする仏法の聖なる権威の強調であり、有限・相対的な日本の国神・国王にたいする無限・絶対的な仏の優位性の主張である。たとえば、「此の日本国の一切衆生のためには釈迦仏は主なり師なり親なり。天神七代・地神五代・人王九十代の神と王とすら猶《なお》釈迦仏の所従なり」「かかる仏なれば王臣・万民倶《とも》に人ごとに父母よりも重んじ、神よりもあがめ奉るべし」（『妙法比丘尼御返事』五十七歳）とか、「聖徳太子は教主釈尊を御本尊として、法華経・一切経をもんしよ（文書）として、両方のせうぶ（勝負）ありしに、ついには神はまけ、仏はかたせ給ひて、神国はじめて仏国となりぬ」「仏は大王、神は臣下」「神の仏にまけて門まほり（守）となりし」（『曾谷殿御返事』五十八歳）などという。

そこから、仏法に反した国王にたいして、激しい非難のことばを投げるにもいたった。たとえば仏教伝来に関して欽明・敏達・用明の三代の国王を取りあげ、「仏と法との信はうすく、神の信はあつかりしかば、強きにひかれて三代の国王、疫病・疱瘡《ほうそう》にして崩御ならせ給ひき」(『日女御前御返事』断真　五十七歳)と評している。承久の乱に関連しては、「釈迦仏をあなづり、法華経を失ひ奉る因縁となりて、……隠岐の法皇と申せし王並に佐渡の院等は、……終には彼の島々にして隠れさせ給ひぬ。神《たましひ》は悪霊となりて地獄に堕ち候ぬ」(『妙法比丘尼御返事』五十七歳)とさえいう。日蓮の仏法中心主義が、そのような批判を生みだしたのである。

仏法中心ということについては、『神国王御書』(断真　五十四歳)に、「国土の盛衰を計ることは、仏鏡にはすぐべからず」「仏法に付きて国も盛《さか》へ、人の寿も長く、又仏法に付けて国もほろび、人の寿も短かかるべしとみえて候」「王法の曲るは小波小風のごとし。大国と大人をば失ひがたし。仏法の失《とが》あるは大風大波の小舟をやぶるがごとし。国のやぶるる事疑ひなし」などと論じている。ちなみに、同書は神国日本にたいする疑問ではじまっている。すなわち、神国日本といわれながら、「いかなれば彼の安徳と隠岐と阿波・佐渡等の王は相伝の所従等にせめられて、或は殺され、或は島に放たれ、或は鬼となり、或は大地獄には堕ち給ひしぞ」と疑問を投じている。

日蓮自身、聖なる仏法の世界に生きるものとして、いっさいの地上的権威をこえ、その上に立つ者であると説くにもいたった。すなわち、「日蓮は幼若の者なれども、法華経を弘むれば釈迦仏の御使ぞかし。わづかの天照太神・正八幡なんどと申すは此の国には重んずけれども、梵・釈・日月・四天に対すれば小神《こがみ》ぞかし。……教主釈尊の御使なれば天照太神・正八幡宮も頭《こうべ》をかたぶけ、手を合せて地に伏し給ふべき事也」（『種種御振舞御書』曾真　五十四歳）という。『撰時抄』（真蹟　五十四歳）には、「法華経をひろむる者は日本国の一切衆生の父母なり。……されば日蓮は当帝の父母」と説かれ、また高山樗牛を感激させた、「王地に生れたれば身をば随へられたてまつるやうなりとも、心をば随へられたてまつるべからず」という超俗のことばが見えている。

以上のごとき言説を通して、われわれは、俗世を超越し、聖なる世界に生きる日蓮のすがたを思いうかべ、そこに宗教者としての面目が躍如としていることを知る。近代の日蓮信奉者の中には、日蓮を国家主義者に祭りあげる者が出たが、そのように日蓮を解する素因は、どこにも見あたらないといえよう。事実は逆で、右にあげた文のほとんどが、戦時中に不敬の言辞として削除を命ぜられたのである。ちなみに日蓮遺文全体を通しては、削除命令を受けた部分、数百カ所に及んでいる。

日蓮は門弟たちにも、聖なる世界に生きる者として俗権におもねることのないよう、また勇気をもって地上的権威に抗するよう、激励のことばをかけた。このような超俗の精神の強調について、二、三のエピソードが存する。その一つは、内房《うつぶさ》の尼《あま》という老女が身延を訪問したとき、日蓮は会わずに追いかえしたことである。その老女は氏神へ参ったついでに日蓮をたずねたらしく、日蓮は、内房の尼が親のごとき老齢であり、いたわしく思ったが、聖なる仏と俗なる神との主従を転倒したものであり、仏法を傷つけるものとして、涙をのんで会わなかった。すなわち、「神は所従なり、法華経は主君なり。所従のついでに主君へのけざんは世間にもをそれ候。其の上、尼の御身になり給ひては、まづ仏をさきとすべし」「をやのごとくの御としなり。御なげきいたわしく候しかども、此の義をしらせまいらせんためなり」（『三沢鈔』五十七歳）という。下部《しもべ》の温泉のついでに立ちよった人びとをも、日蓮は同じ理由で追いかえしている。

それから、信徒の池上宗仲（右衛門大夫志《だゆうのさかん》）・宗長（兵衛志《ひょうえさかん》）兄弟のことであるが、父の康光（左衛門大夫）は良観房忍性《にんしょう》を信奉し、そのために父子の間に信仰上の反目が生じ、それに家督相続の問題がからまって、兄の宗仲は、ついに父から勘当《かんどう》を受けるにいたった。日蓮は、池上兄弟に種々の事例をあげて激励の手紙を書き送った。『兄弟鈔』（真蹟　五十四歳）と名づけられた手紙が、それである。その中で、釈迦が父の反対をおしきって出家したことにふれつつ、「一切は、をやに随ふべきにてこそ候へども、仏になる道は随はぬが孝養の本《もと》にて候」といい、昔、僧侶が出家にさいして唱えた「棄《き》恩入無為《おんにゅうむい》・真実報恩者《しんじつほうおんしゃ》」ということばを引用しては、「まことの道に入るには、父母の心に随はずして家を出て仏になるが、まことの恩をほうずるにてはあるなり」と説明を加えた。

右の出家のさいに唱える句は、読みくだすと、「恩を棄てて無為《むい》に入《い》るは、真実の報恩者なり」となる。恩愛《おんない》の俗縁を断って超越の境地にいたるのが、真実に恩に報いることになるという意である。一種の超俗の強調で、出家とは出俗であることを示している。日蓮は、この句を引用しつつ、非法にたいしては、親といえども従ってはならないとさとした。そうして、「をづる心ね、すがた、をはすべからず」「がうじやうにはがみをして、たゆむ心なかれ」「なにとなくとも一度の死は一定《いちじょう》なり。いろばしあしくて人にわらはれさせ給ふなよ」と叱咤し、「設《たと》ひいかなるわづらはしき事ありとも夢になして、只《ただ》法華経の事のみ、さはぐらせ給ふべし」とすすめた。死は一定と覚悟して、ただ仏法のことだけを思いめぐらせ、という意である。弟にあてた手紙にも、「いかなる事ありとも、すこしもたゆむ事なかれ。いよ〳〵はりあげてせむべし。たとい命に及ぶとも、すこしもひるむ事なかれ」(『兵衛志殿御返事』真蹟　五十六歳)と激励のことばがつづられている。このことばの直前に、「後生《ごしょう》のたのもしさ申すばかりなし」とあり、死後、永遠の浄土にいたることをもって慰めとしていることが知られる。

父の勘当は、のちに一時とかれたが、また衝突し、重ねて勘当を受けるにいたった。このときは、気の弱い弟に動揺の色が見えた。そこで日蓮は、「ひとすじにをもひ切って、兄と同じ仏道をなり(成)給へ」(『兵衛志殿御返事』真蹟　五十六歳)とて、強信《ごうしん》の兄とともに信仰に徹し、仏道を成就するよう、励ましのことばをかけた。さらに、「父母はまうけやすし、法華経はあひがたし。今度あひやすき父母のことばをそむきて、あひがたき法華経のとも(友)にはなれずば、我が身仏になるのみならず、そむきしをやをもみちびきなん」とて、世俗倫理の価値転換を強調し、最後に、兄にそむいて父から兄のあとをゆずられたとしても、限りある人生の、わずかな間のことにすぎず、それよりも、「よく〳〵をもひ切って、一向に後世《ごせ》をたのまるべし」といい聞かせた。

このように日蓮に励まされて、兄弟は信仰を堅持し、父も兄弟の熱心さに打たれて、ついに勘当をとき、みずからも日蓮に帰信する時がきた。そのころ、日蓮は冷えによる下痢症状が続き、筆をとる元気もなかったが、喜びをおさえきれず、「あまりにたうとく、うれしき事なれば申す」（『兵衛志殿御事』真蹟　五十七歳）とて手紙をしたため、その中で、「三人ともに仏になり給ひ、ち丶かた、は丶かたのるい（類）をもすくい給ふ人となり候ぬ」とほめたたえた。翌年、父親の死去を聞いては、さっそく、「御親父御逝去の由、風聞真《まこと》にてや候らん」（『孝子御書』断真　五十八歳）とて、ほんとうのことであろうかと痛みのことばを書き送り、父親を導いて改心せしめ、無事に勘当もとかれ、孝養をつらぬくことができたことを賛嘆しつつ、「兄弟の御中《おんなか》、不和にわたらせ給ふべからず。不和にわたらせ給ふべからず」とて、今後とも、いっそう兄弟あい和していくよう、教えさとした。

日蓮は現世を思いきり、代りに聖なる超俗の世界に生きた。また、帰りゆくべき永遠の故郷としての浄土に、死復活の道を見いだした。弟子や信徒たちにも、そのように説いて、励ましと慰めのことばとしたのである。ところで現世を思いきるということは、人生を冷たく突きはなして、顧みないということではない。日蓮は、信徒たちが夫婦・親子の死別など人生の無常事に遭遇して悲しみにくれ、断ちがたい恩愛のきずなに泣くすがたを見て、みずからも涙を禁じえなかった。日蓮自身、しばしば恩愛の情にひたることもあった。たとえば、あまのりを信徒から送ってもらったとき、故郷の海や、なき父母のことを思いおこし、涙をおさえることができなかった。礼状に、次のごとく記されているところである。すなわち、

「古郷《ふるさと》の事はるかに思ひ忘れて候つるに、今此のあまのりを見候て、よしなき心をもひいでて、う（憂）くつらし。かたうみ（片海）・いちかは（市河）・こみなと（小湊）の礒《いそ》のほとりにて昔見しあまのりなり。色形あぢわひもかはらず。など我父母かはらせ給ひけんと、かたちがへ（方違）なるうらめ（恨）しさ、なみだをさへがたし」（『新尼御前御返事』曾真　五十四歳）

と。故郷のことは遠く忘れていたのに、送ってもらったのりを見て、わけもなく故郷のことが思いおこされ、悲しくつらい気持となる。生まれ育った片海・市河・小湊のいそのほとりで、昔見たのりだからである。色も形も味も、昔と変っていない。それなのに、なぜ自分の父母は、なき人へと変ってしまったのだろうか。見当ちがいかもしれないが、それが恨めしく、涙をおさえることができない。

というような意である。

また、清澄における日蓮の師であった道善房がなくなったことを聞き、報恩の意をかねて霊を慰めるために、『報恩抄』（断真　五十五歳）を著わした。あて名は清澄での先輩であった浄顕房と義城房とになっており、日付は建治二年七月二十一日である。なお、七月二十六日付の送状として『報恩鈔送文』があり、それによると、弟子の日向《にこう》をつかわし、『報恩抄』を墓前に供えて、読ませたという。本来ならば自分がはせ参じ、旧師の墓前にて追善の読経をなすべきであるが、遁世《とんせい》と思われている現在の身のゆえ、心なくもさしひかえたとことわっている。『報恩抄』は、最初に報恩の精神を強調し、ついで仏教から見た恩の真実義を解説し、その上で日蓮が清澄で仏教を学びはじめたころを回顧し、さらに仏教諸宗の研究を深め、ついに確信をつかんで布教に従事するにいたった事情を追懐し、報恩感謝のしるしとしている。

『報恩抄』で注意すべきことは、さきにもあげた「棄恩入無為・真実報恩者」の句を引用しつつ、「是非につけて、出離の道をわきまへざらんほどは、父母・師匠等の心に随ふべからず」と主張していることである。その意図は、世間で説かれる恩が、恩愛《おんない》の獄《ひとや》と評されるごとく、とらわれたものであり、とざされた狭いものであるゆえに、それをときほぐし、改めて真実の恩を復活させるにあった。『報恩抄』の最後に、「花は根にかへり、真味は土にとどまる。此《この》功徳は故道善房の聖霊の御身にあつまるべし。南無妙法蓮華経。南無妙法蓮華経」とて、報恩感謝のことばをささげて結びとしたところである。

日蓮は宗教者として、聖なる超俗の世界に生きた。そこから、しばしば閉鎖的な世俗倫理にたいして批判を加えた。しかし、いっぽうで人情を忘れなかった。ここから、たびたび父母や師の恩を取りあげ、その恩の報じがたく、忘れがたきことを強調した。いま、代表的な文をあげておくと、

「孝と申すは高也。天高けれども孝よりも高からず。又孝とは厚也。地あつけれども孝よりは厚からず。聖賢の二類は孝の家よりいでたり。何《いか》に況《いわん》や仏法を学せん人、知恩報恩なかるべしや。……父母の家を出て出家の身となるは、必ず父母をすくはんがためなり」(『開目鈔』曾真　五十一歳)

「なによりも日蓮が心にたっとき事候。父母御孝養の事。度度の御文《おんふみ》に候上《うえ》に、今日の御文なんだ（涙）更にとどまらず。我が父母地獄にやをはすらんとなげかせ給ふ事のあわれさよ。……今既に孝養の志あつし。定めて天も納受あらんか」（『四条金吾釈迦仏供養事』断真　五十五歳）

「日蓮はうけがたくして人身をうけ、値ひがたくして仏法に値ひ奉る。一切の仏法の中に法華経に値ひまいらせて候。其の恩徳ををもへば父母の恩・国主の恩・一切衆生の恩なり。父母の恩の中に慈父をば天に譬へ、悲母をば大地に譬へたり。いづれもわけがたし。其の中、慈母の大恩ことにほうじがたし」（『千日尼御前御返事』真蹟　五十七歳）

「世尊と申す尊の一字を高と申す。高と申す一字は又孝と訓ずるなり。一切の孝養の人の中に第一の孝養の人なれば世尊とは号し奉る。……然るに六道四生《ししょう》の一切衆生は皆父母なり。孝養おへざりしかば仏にならせ給はず。……六道四生の衆生に男女あり。此の男女は皆我等が先生《せんしょう》の父母なり。一人ももれば仏になるべからず」（『法蓮鈔』曾真　五十四歳）

などがある。

門弟への思い　日蓮のあとをついだ弟子・信徒たちは、現実のただなかにあって布教に励み、信仰を保ち、生活を戦っていた。そのため、しばしば信仰上の障害や生活上の苦労にさいなまれた。身延の山深くにおいて常寂の境にひたっていた日蓮であったが、門弟たちの苦難を耳にするたびに心を痛め、励ましと慰めのことばを書き送った。また、こまごまとした注意を与えてもいる。門弟たちの布教や信仰の上の障害として、他宗徒からの論難があげられるが、日蓮自身にたいしても論難が向けられたことがある。たとえば、建治元年十月二十五日付で強仁《ごうにん》という僧から、日蓮に論難状がとどいた。日蓮は、「邪正を決断せんこと、必ず公場《こうじょう》なる也」(『強仁状御返事』真蹟　五十四歳)とて、私的な法論でなく、堂々と公場対決しようと返事した。しかし強仁から音沙汰なく、うやむやに終ったようである。

弘安元年三月二十一日には、鎌倉から使者と書面が到来した。それにたいする返事として、「真言・禅宗等の謗法《ほうぼう》の諸人等を召し合せ、是非を決せしめば……幸甚々々」(『諸人御返事』真蹟　五十七歳)とあり、日蓮との公場対決の運動がおきていることを知らせたものと思われる。いっぽう、日蓮は三たび流罪に処されるだろうとのうわさも生じたらしく、その知らせを受けた日蓮は、いままで自分を流罪にして、かえって災いが重なり、こりているはずであるから、また流罪にするということはありえないと思うけれども、もし、うわさどおりになったとしても、むなしく老病で死ぬのにくらべれば、この上ない幸いであると返事した(『檀越某御返事』真蹟　五十七歳)。

日蓮は宗論対決にそなえて、経典や論書の整備に努めたようである。たとえば、「内内《ないない》人の申し候しは宗論やあらんずらんと申せしゆへに、十方にわか(分)て経論等を尋ねしゆへに、国国の寺寺へ人をあまたつかはして候」(『報恩鈔送文』五十五歳)とて、人びとから宗論があるだろうと知らせてきたので、それにそなえて、諸国の寺々へ弟子たちをつかわし、経論を求めさせたという。しかし、日蓮自身に関しては、宗論や法難はうわさにとどまり、門弟たちのほうに、それが事実となってふりかかった。

その一つに、桑《くわ》ケ谷《やつ》問答といわれるものがある。建治三年、日蓮五十六歳の春ごろ、京都から竜象房という天台僧が鎌倉にきて良観房忍性《にんしょう》のもとに身をよせつつ、桑ケ谷で説法をしていた。六月九日、日蓮の弟子の三位房日行《さんみぼうにちぎょう》は、日蓮信徒の四条金吾頼基《きんごよりもと》をともなって法席にいたり、不審あらば尋ねよとの竜象房のことばに応じて質問を発した。竜象房は三位房の質問に答えることができず、すがたを消してしまった。ところが、四条金吾の主君である江馬《えま》光時は、竜象房のバックとなった良観房忍性に信をおいていたので、このことを心よく思わず、また四条金吾をねたむ徒の中傷もあって、江馬光時は同月二十三日、四条金吾に下文をつかわし、今後は日蓮に帰信せずとの起請文《きしょうもん》（誓約書）を出せと命令し、もし提出をこばむならば所領を没収し、追放すると警告した。

四条金吾頼基は、誓約を書かない決意を固め、そのむねを日蓮に急ぎ報告した。報告を受けた日蓮は、「わづかの二所《にしょ》の所領なり。一生はゆめの上、明日をご（期）せず。いかなる乞食《こつじき》にはなるとも、法華経にきずをつけ給ふべからず」「すこしもへつらはず振舞《ふるまい》仰せあるべし」（『四条金吾殿御返事』断真　五十六歳）と激励しつつ、かれに代って陳状（弁明書）を作成した。『頼基陳状《よりもとちんじょう》』（五十六歳）が、それである。四条金吾は主君に身命を投げうって仕えたが、信仰上の問題で主君の不興を買うことが今までにもあり、それにつけこんで同輩の中傷もあった。そのことを日蓮は心配して、激励のことばをかけながら、いっぽうでは命をむだに落すことのないよう、こまごまとした注意を与えた。その注意は微にいり細にわたっており、日蓮の繊細にすぎるほどの心くばりには、驚きのほかはない。

たとえば、「主君に此《この》法門を耳にふれさせ進《まいら》せけるこそありがたく候へ。今は御用ひなくもあれ、殿の御失《とが》は脱《まぬが》れ給ひぬ。此より後には口をつつみておはすべし」（『主君耳入此法門免与同罪事』五十三歳）とて、主君に法門を聞かしただけでも、ありがたいことであり、主君が用いなくとも、あなたの責任ははたされているのであるから、今後は口うるさく主君に信仰を説きすすめないように、と注意を与えている。つづけては、「御さかもり、夜は一向に止《とど》め給へ。只《ただ》女房と酒うち飲んでなで御不足あるべき。他人のひるの御さかもりおこたる（油断）あるべからず。酒を離れてねらうひま（隙）有るべからず」ともいう。つまり、ひとと夜の酒もりは、絶対にするな。酒は女房と飲んで、なんの不足があろうか。ひととの昼の酒もりでも、油断してはならない。酒に酔った以外、ねらわれるすきはない。とこのように、戒めたものである。

そのほか、「御よりあひ（寄合）あるべからず。よる（夜）は用心きびしく、夜廻《よまわり》の殿原《とのばら》かたらひて用ひ、常にはよりあはるべし」（『四条金吾殿御返事』断真　五十六歳）、「吾が家にあらずんば人に寄合《よりあう》事なかれ。夜廻《よまわり》りの殿原は……常はむつばせ給ふべし。又夜の用心の為と申し、かたがた殿の守りとなるべし」（『四条金吾殿御返事』五十六歳）、「車の輪は二つあれば道にかたぶかず。敵も二人ある者をばいぶせがり候ぞ。……弟ども且《しば》らくも身をはなち給ふな」（『崇峻天皇御書』曾真　五十六歳）とて、他人の家の寄り合いには出席するな、車の輪は二つあれば道にかたむくことがないように、また二人おれば敵も敬遠するものであるから、特に夜は弟をそばに置いて離すな、と注意を与えている。

このような日蓮の注意にしたがって、四条金吾は身をつつしんでいた。しかし、疫病の流行によって主君が病気となり、金吾は医療に長じていたところから、呼ばれて治療にあたることになった。このさいにも日蓮は、「びむ（鬢）をもかゝず、ひたたれ（直垂）こは（強）からず、さはやかなる小袖・色ある物なんどもき（著）ずして、且《しば》らくねう（忍）じて御覧あれ」（『崇峻天皇御書』曾真　五十六歳）とて、同輩のねたみを買わないよう一応は辞退せよ、はでな服装をして目だつことのないように、と注意している。主君にたいする忠誠の心が通じて、ついに金吾はゆるされ、堂々と出仕することのできる日がきた。それを聞いて日蓮は、「うれしさ申すばかりなし」（『四条金吾殿御書』五十七歳）と書き送り、鎌倉の人びとは主君につきそった金吾の姿がりっぱだといいあっているそうであると賛嘆した。それとともに、いっそう身をつつしみ、同輩からねたみを受けることのないよう、弟たちには湯銭や草履などの心づけをおこたらず、婦女子には過失があってもとがめだてしないように、など微細にわたって注意を与えた。

四条金吾については事なきをえたが、ここに信徒たちにとって最大の悲劇ともいうべき事件がおきた。それは、熱原《あつはら》の法難といわれるものである。弘安二年、日蓮五十八歳のときであった。すでにふれたように、駿河《するが》の天台宗寺院に所属していた伯耆房日興《ほうきぼうにっこう》は、日蓮の高弟となり、佐渡流罪にさいしては日蓮に随従したが、日蓮の身延退隠後は、駿河方面の教線拡張に奮闘していた。日興は年少のとき住した天台寺院の蒲原《かまばら》四十九院に籍を置きつつ、同寺院や隣接の岩本実相寺、さらに熱原《あつばら》滝泉寺の僧たちを教化して日蓮に帰信させ、それらの僧たちを介して、近辺の住民たちの中にも日蓮信奉者ができていった。

ところで建治二年、日蓮五十五歳のころ、滝泉寺の院主代の行智《ぎょうち》が、日興によって教化された日秀・日弁・日禅などにたいし、日蓮信奉をやめ、今まで同寺院で行なっていた念仏を唱えよ、さもなくば追いだすとせまるにいたった。まもなく日禅は寺を出たが、日秀・日弁は寺院内にとどまり、圧迫に抗していた。実相寺においても、日興の教化を受けた肥後公・豊前《ぶぜん》公らと従来の寺院の僧との間に対立がおきており（『実相寺御書』五十七歳）、また四十九院に住していた日興・日持らにも圧迫が生じ、ついに弘安元年、寺内から追放された（日興等『四十九院申状《もうしじょう》』）。

翌弘安二年の四月には、滝泉寺の行智が奸計を用いて争いをおこさせ、八月には、日秀の教化した弥四郎《やしろう》なる信徒が罪を着せられて打ち首となり、さらに九月には、日秀らが多勢をひきつれ、弓矢をもって行智の院におしいったとか、信徒の熱原の百姓たちは稲を盗み刈りし、日秀の坊に運びこんだなどと訴えた。事実は逆で、行智につく者が日秀側の百姓の稲田を刈りとろうとして争いとなったものである。行智の訴えによって、百姓二十名が捕えられ、鎌倉に拘束されるにいたる。日蓮はすぐさま、日秀たちに代って弁明書を作成、提出した。弘安二年十月の『滝泉寺申状《もうしじょう》』（真蹟　五十八歳）

がそれで、その中に当時の模様がくわしく物語られている。

日蓮はさらに日興へ手紙を書き送り、熱原の百姓たちが事なく釈放されるなら、こちらから改めて訴える必要はない、もし誓約書など書かされるようなことがあれば、それには絶対に応じないよう、また裁判で行智が証人を立てて申すならば、「彼等の人々、行智と同意して百姓等が田畠数十苅《か》り取る」（『伯耆《ほうき》殿御返事』五十八歳）と反論せよ、もし証文を出せば、謀書なることをいえと指示を与えた。それとともに門下一同にたいして、「此の一門をさんぐ〵となす事も出来《しゆつらい》せば、眼をひさい（塞）で観念せよ。……我等、現には此の大難に値ふとも後生《ごしよう》は仏になりなん」「ただ一えん（円）にをもい切れ」（『聖人御難事』真蹟　五十八歳）と覚悟のほどをせまり、さらに「各々師子王の心を取り出して、いかに人をどすとも、をづる事なかれ」「日蓮が一門は師子の吼《ほゆ》るなり」と檄《げき》をとばした。

裁判は、かって日蓮を捕えた平左衛門尉《へいのさえもんのじよう》頼綱にゆだねられたが、結果は神四郎《じんしろう》など三人が斬罪となり、残りの十七人は禁獄の後、かろうじて釈放された。神四郎たちの悲劇的な斬罪のさまは、のちのちまで壮烈な殉教の物語として伝えられている。矢を打ちこまれる拷問《ごうもん》を受けながらも、一矢ごとに題目を唱えて堪え、最後には斬首されたという。日蓮は、「彼等御勘気《ごかんぎ》を蒙るの時、南無妙法蓮華経、南無妙法蓮華経と唱え奉ると。偏《ひとえ》に只事《ただごと》にあらず」（『変毒為薬御書』五十八歳）と感嘆の思いを深くした。

熱原法難は、駿河在住の上野（南条）氏にもおよんだようで、のちの『上野殿御返事』（五十九歳）

には、「わずかの小郷《しょうごう》にをほ（多）くの公事《くじ》（訴訟）ぜめにあてられて、わが身はのるべき馬なし、妻子はひきかくべき衣《きぬ》なし」とて、窮状におちいったさまが描かれている。ちなみに、この手紙は、そういう中にあって日蓮に銭一貫を送ってきたことにたいする感謝の意を表したものである。熱原法難から一カ月後の手紙では、蒙古襲来の時にことよせつつ、「とにかくに死は一定《いちじょう》なり。其の時のなげきはたうじ（当時）のごとし。をなじくは、かりにも法華経のゆへに命をすてよ。つゆを大海にあつらへ、ちりを大地にうづむとをもへ。法華経の第三に云く、願くは此の功徳を以て普《あまね》く一切に及ぼし、我等と衆生と皆《みな》共に仏道を成《じょう》ぜん云云」（『上野殿御返事』真蹟　五十八歳）と説き、真理に殉じ、愛に死し、人生に思いきることを強調している。追伸として、「此はあつわら（熱原）の事のありがたさに申す御返事なり」と付記されており、熱原法難に門下たちが堪えしのんだことをありがたく思ってしたためた返事だという。上野氏は日興と関係深く、熱原法難にさいしては、なにかとバックアップしたと思われる。

日蓮は法難にさいしては、獅子奮迅し忍難捨命することを門弟たちに説きすすめ、激励のことばとした。ときに退転する者があれば、厳しく責めた。たとえば、このころの退転者に三位房日行《さんみぼうにちぎょう》がいる。かれは日蓮門下の俊才で、日蓮に代って信徒の教導を命ぜられた高弟である。かれが四条金吾をさそって桑ケ谷問答にのぞんだことは、さきに紹介したところであるが、弾圧の嵐が吹きすさぶようになると、しりごみしだし、ついには退転したようで、熱原法難にさいして門下を激励した『聖人御難事』（真蹟　五十八歳）に、「なごへの尼・せう（少輔）房・のと房・三位房なんどのやうに候をくびやう（臆病）」とて、退転者の中に三位房がいれられており、さらに、かれのことを取りあげて、「はらぐろとなりて大難にもあたりて候ぞ」と評されている。

『聖人御難事』が記されたときは、すでに三位房日行は死去しており、それより五カ月前の富木氏あての手紙に、「日行房死去の事、不便《ふびん》に候。是にて法華経の文《もん》読み進《まい》らせて、南無妙法蓮華経と唱へ進《まい》らせ、願くは日行を釈迦・多宝・十方の諸仏、霊山《りようぜん》へ迎へ取らせ給へと申し上げ候ぬ」（『四菩薩造立鈔』五十八歳）とて、かれの死去の知らせを富木氏より受け、ふびんに思い、浄土におもむくことを祈念したとのべている。ここには、門下たちにたいする日蓮のいたわりがにじみ出ているといえよう。三位房日行は日ごろ病弱で、そのために気おくれしたのではないかとも思われるが、かって叡山に留学したさい、京都貴族の風にそまり、日蓮より叱責されたことがあり（『法門可申抄』真蹟　四十八歳）、また問答のときは才能を鼻にかけて高慢となりがちで、こういう性格が「おごる者は必ず強敵《ごうてき》に値《あ》ひておそるる心出来《しゆつらい》する也」（『佐渡御書』五十一歳）の例にもれず、かれをつまずかせることになったと想像される。

日蓮の高弟で退転した者として、ほかに大進房阿闍梨《あじやり》がいる。かれは日蓮の佐渡流罪にさいして、入牢の五人門弟たちを見まもる役を命ぜられており（『五人土牢御書』真蹟　五十歳）、その後も日蓮に重く用いられたが、弾圧には次第に軟化の態度を示し、弘安二年の熱原法難では、ついに行智側に寝がえりし、逆に日蓮門下を迫害するにいたった。そのことが、さきにあげた『伯耆殿《ほうきどの》御返事』（五十八歳）に記されている。かれは迫害の暴動に参加したさい、馬から落ち、それがもとで間もなく死亡したらしく、「大進房が落馬等は法華経の罰のあらわるるか」（『聖人御難事』真蹟　五十八歳）という。いっぽう、「故大進阿闍梨の事なげかしく候へども、此れ又法華経の流布《るふ》の出来《しゆつらい》すべきいんえん（因縁）にてや候らん」（『曾谷殿《そやどの》御返事』五十八歳）とて、大進阿闍梨の死を痛み嘆いており、ここにも、日蓮の門弟にたいする思いのうちがしのばれる。

高弟に退転者が出たことは、日蓮にとっては、たいへんなショックであった。悲憤やるかたなかったであろうと想像される。しばしば、激越なほどの非難のことばをあびせているところである。これについて思いおこすことは、釈迦を殺そうとまでした反逆の弟子デーヴァダッタ（提婆達多）のことであり、イエスを売り渡した十二弟子の一人ユダのことである。そのイエスは、「われ地に平和を投ぜんがために来れりと思うな。平和にあらず。かえって剣を投ぜんがために来れり」（マタイ伝一〇・三四）、「われは火を地に投ぜんとて来れり」（ルカ伝一二・四九）というごとく、正義のためには激烈な言動も辞さなかった。しかし、最後は十字架につくことにより、ユダを含めて人びとの罪をあがない、かれらのゆるしを神に乞うたのである。

日蓮また、破邪顕正の激しい折伏《しやくぶく》を行なった。たびたび提婆達多《だいばだつた》の堕地獄が日蓮遺文に説かれ、退転の門弟にたいして厳しい非難が向けられたところである。しかし、いっぽうで日蓮は釈迦にならって迫害を甘受し、かえって退転の門弟や敵対した人びとをあわれに思い、その救いを念じたのである。たとえば、「かれ等のあだをなすは、いよ〳〵不便《ふびん》にこそ候へ」（『高橋入道殿御返事』真蹟　五十四歳）、「願くは我を損する国主等をば最初に之を導かん」（『顕仏未来記』曾真　五十二歳）という。ともあれ、日蓮は人間の悩み、弱さにたいして同情の思いを深くしていった。みずからは現世超越の境地にひたりつつ、はかない人の世にたいして限りない哀惜の情をそそいでいったのである。

永遠への招き　退転者にたいする日蓮の非難は、まことに厳しいものがあった。しかし、ふびんに思う気持を禁じえなかった。特に生活の苦労をせおう在俗の信徒たちを見ては、ふびんの思いをつのらせた。かれらにたいしては、「各々は日蓮ほども仏法をば知らせ給はざる上、俗なり、所領あり、妻子あり、所従あり。いかにも叶《かな》ひがたかるべし。只いつわりをろかにてをはせかし」（『三沢鈔』五十七歳）とて、日常の凡夫そのままでいるよう、説きすすめさえした。なかでも、女性の立場には無限の同情をそそいだ。夫とともに、あるいは夫を支えて人生の苦難を堪え忍び、信仰に励む妻のすがたにたいして、温情あふれるばかりのことばをかけている。また、夫をなくし、あるいは子をなくして人生の無常に泣く女性にたいしては、憐情の涙で慰めのことばをつづった。愛する者との死別に悲しむ者にたいしては、日蓮は来世の永遠なる浄土での再会をもって、慰めのことばとしている。永遠への招きであり、いざないである。日蓮自身、死が近くなるにつれて永遠への思慕を高め、帰りゆくべき永遠の故郷として、浄土を死後の来世に待ち望むにいたる。

日蓮が女性、特に妻の立場に思いをいたしたことについては、たとえば父との対立に苦しんだ池上兄弟への手紙の中で、かれらの妻のことを取りあげ、「女人《にょにん》となる事は物に随て物を随へる身也、夫たのしくば妻もさかふべし」（『兄弟鈔』断真　五十四歳）と説きつつ、「是れ偏《ひとへ》に今生計《こんじょうばか》りの事にはあらず。世世生生《せせしょうじょう》に影と身と、華《はな》と果《このみ》と、根と葉との如くにておはするぞかし」とて、夫婦一体となって苦楽をともにすべきことを強調している。また、主君との不和や同輩の策謀に悩まされた四条金吾の妻にたいしては、「せんずるところは一切の人にそしられて候よりも、女人の御ためには、いとを（愛）しとをもはしき男にふびんとをもわれたらんにはすぎじ」（『四条金吾殿女房御返事』断真　五十四歳）とて、やはり夫婦一体の愛を説き、慰めのことばとしている。

日蓮は親鸞と違って妻帯せず、独身をとおしたのであるが、信徒の夫婦愛については驚くほどの理解と共感を示しており、さらに注目すべきことは、妻を主位に置いたことばが多く見いだされることである。たとえば、富木《とき》常忍が信徒代表として陰に陽に日蓮一門を守り育て、学識あるところから問答・討論もなし、なにかと骨おってきた人物であるが、かれの身延訪問について日蓮は、それは妻の力によるものであるとし、妻の内助の功をたたえた。すなわち、

「やのはしる事は弓のちから、くものゆくことはりう（竜）のちから、をとこのしわざは女のちからなり。いまときどの（富木殿）のこれへ御わたりある事、尼《あま》御前の御力なり。けぶりをみれば火をみる、あめをみればりう（竜）をみる。をとこをみれば女をみる。今ときどのにけさん

（見参）つかまつれば、尼ごぜんをみたてまつるとをぼう」（『富木尼御前御書』真蹟　五十五歳）という。

阿仏房夫妻は、佐渡において日蓮の教化を受け、警戒の目をくぐって衣食をとどけるなど、献身的に日蓮につくし、身延へは三度も夫がたずねてきているが、やはり日蓮は妻（千日尼）の内助の功をたたえた。すなわち、「阿仏房にひつをしをわせ、夜中に度々御わたりありし事、いつの世にかわす（忘）らむ。只《ただ》、悲母《ひも》の佐渡の国に生れかわりて有るか」「佐渡の国より三度まで夫をつかはす。いくらほどの御心ざしぞ。大地よりもあつく、大海よりもふかき御心ざしぞかし」（『千日尼御前御返事』真蹟　五十七歳）とて、妻が夫をつかわしたと表現しつつ、感謝のことばとしている。妻の千日尼にあてた手紙の中には、夫婦一体を強調したことばがあり、次にあげておくと、

「をとこははしら（柱）のごとし、女はなかわ（桁）のごとし。をとこは足のごとし、女人は身のごとし。をとこは羽のごとし、女はみ（身）のごとし。羽とみ（身）とべちぐ〳〵になりなば、なにをもんてかとぶべき。はしら（柱）たうれなば、なかは（桁）地に堕《お》ちなん。いへにをとこなければ、人のたましゐなきがごとし」（『千日尼御返事』真蹟　五十九歳）

と説いている。

国府《こう》入道夫妻もまた、阿仏房夫妻と同様に佐渡で夫婦ともども日蓮の信徒となり、日蓮を世話した。両夫妻ともに、日蓮にとって終生、忘れることのできない存在であった。事実、身延と佐渡に離れて

住む身となってからは、おたがいに親子以上に恋い慕いあったようで、「日蓮がこいしくをはせん時は学乗房によませて御ちやうもん（聴聞）あるべし。此の御経をしるしとして後生《ごしょう》には御たづねあるべし」（『千日尼御前御返事』真蹟　五十七歳）、「日蓮こいしくをはせば、常に出《いず》る日、ゆうべにいづる月ををがませ給へ。いつとなく日月にかげをうかぶる身なり。又、後生には霊山浄土《りょうぜん》にまいりあひまひらせん」（『国府尼御前御書』真蹟　五十四歳）と書き送り、来世の浄土での再会をもって慰めのことばとしている。なお、国府入道夫妻には子がなかったらしく、そこで日蓮は、「御子にてあるべかりける」とて自分を子と思い、「子息なき人なれば御としのすへには、これへとをぼしめすべし」（『こう入道殿御返事』真蹟　五十四歳）とて将来は身延にくるよう、すすめた。しかし最後は、「いづくも定めなし。仏になる事こそ、つゐのすみかにては候しとをもひ切らせ給ふべし」と結んでいる。やはり、一種の永遠への招きである。

夫婦一体の愛については、そのほか、「女人はたとへば藤のごとし、をとこは松のごとし。須臾《しゆゆ》もはなれぬれば立ちあがる事なし」（『同生同名御書』五十一歳）、「凡夫にてあらん時は世世生生《せせしょうじょう》夫婦とならん、仏にならん時は同時に仏になるべし」（『兵衛志《ひょうえのさかん》殿女房御書』五十六歳）、「夫れ海辺には木を財とし、山中には塩を財とす。旱魃《かんばつ》には水をたからとし、闇中には燈を財とす。女人はをとこを財とし、をとこは女人をいのちとす」（『上野殿御返事』断真　五十七歳）などと説いている。このように、日蓮は夫婦にしろ、あるいは親子にしろ、人間の愛の交わりにたいして温情あふれることばをかけた。

かの高山樗牛《ちよぎゆう》が『予の好める人物』の中で、「世人が折伏《しやくぶく》の側の上人のみを見て、単に強情我慢の一狂僧と思ふのは、全く上人の人物を知らぬことを自白するに等しい」「裏面に温潤《おんじゆん》玉の如き愛情が春の泉の様に溢《あふ》れて居った」「女性に対しては常に親切を極められ、夫婦の愛情に対しても常に深厚なる同情を寄せられて、孝順の情に至っては実に後人を感動するに足る美蹟を遺された」と評するところである。

夫婦・親子の愛にたいする日蓮の限りない共感は、死別の悲しみにたいし、涙となって沸騰する。特に夫や子をなくした女性にたいして、日蓮の哀憐の情は爆発した。たとえば、さきの夫婦一体を強調した『千日尼御返事』（真蹟　五十九歳）は、「いへにをとこなければ、人のたましゐなきがごとし」ということばからも知られるように、千日尼が夫の阿仏房をなくしたことにたいする哀悼の手紙である。阿仏房は弘安二年になくなり、そこで千日尼は亡夫の遺骨を子の藤九郎守綱《とうくろうもりつな》に持たせて身延に納め、翌年、再び子を身延につかわし、日蓮に金銭や食物をとどけさせるとともに、父の墓に参らせた。日蓮は謝礼の手紙を子の守綱に託したが、「鵞目《がもく》（銭）一貫五百文・のり・わかめ・ほしい（干飯）、しなじなの物給び候畢《おわ》んぬ。法華経の御宝前に申し上げて候」とて、はじめに供養物への感謝の意を表し、なかにおいて、夫をなくした千日尼の悲嘆いかばかりかと、切々たる哀憐の情をこめて慰めのことばをつづった。それが、五十九歳のときの『千日尼御返事』である。

千日尼の上によせられた哀傷の思いは、悲哀にみちた名文となって、ほとばしり出た。いま、その部分を取りだしてみると、「……いへにをとこなければ、人のたましゐなきがごとし。くうじ（公事）をばだれにかいゐあわせん。よき物をばたれにかやしなうべき」ということばに続けて、

「一日二日たがいしをだにもをぼつかなしとをもいしに、こぞの三月の二十一日にわかれにしが、こぞもまちくらせども、みゆる事なし。今年もすでに七つき（月）になりぬ。たといわれこそ来らずとも、いかにをとづれはなかるらん。ちりし花も又さきぬ。をちし菓《このみ》も又なりぬ。春の風もかわらず、秋のけしきもこぞのごとし。いかにこの一事のみかわりゆきて、本《もと》のごとくなかるらむ。月は入りて又いでぬ。雲はきへて又来る。この人の出でゝかへらぬ事こそ、天もうらめしく、地もなげかしく候へとこそをぼすらめ。いそぎ〳〵法華経をらうれう（粮料）とたのみまいらせ給ひて、りやうぜん浄土へまいらせ給て、みまいらせさせ給ふべし」（『千日尼御返事』真蹟　五十九歳）

という。自然の風物はもどってくるのに、なぜ人間ばかりが去ったままで帰ってこないのだろうかと嘆じたものである。最後は、やはり来世浄土での再会をもって結び、慰めのことばとしている。

夫をなくした上に、いとおしい子までも失った婦人にたいしては、日蓮の哀痛の思い、きわまるところを知らなかった。すでに小松原法難の箇所でふれておいたが、信徒の南条兵衛七郎は駿河の富士上野を領していたので、上野殿とも呼ばれていた。かれは文永二年ごろ死去し、妻や長男の七郎次郎（時光）が後をついで日蓮に信仰の誠をつくした。ところが、弘安三年の九月には、次男の七郎五郎

が十六歳の若さで世を去るにいたった。日蓮は、夫をなくし、今また最愛の子を失った未亡人の心境いかばかりかと、慰めのことばも見いだしえないほどに心を痛めた。それが手紙となったものが、『上野殿後家尼《ごけあま》御前御書』（真蹟　五十九歳）である。次に全文をかかげてみると、

南条七郎五郎殿の御死去の御事。人は生れて死するならいとは、智者も愚者も上下一同に知りて候へば、始《はじめ》てなげくべし、をどろくべしとわをぼへぬよし、我も存し、人にもをしへ候へども、時にあたりてゆめかまぼろしか、いまだにわきまへがたく候。まして母のいかんがなげかれ候らむ。父母にも兄弟にもをくれはてて、いとをしきをとこ（夫）にすぎわかれたりしかども、子どももあまたをはしませば、心なぐさみてこそをはし候らむ。いとをしきてこご（子）、しかもをのこご、みめかたちも人にすぐれ、心もかいぐしくみへしかば、よその人々もすずしくこそみ候しに、あやなくつぼめる花の風にしぼみ、満月のにわかに失《うせ》たるがごとくこそをぼすらめ。まことともをぼへ候はねば、かきつくるそらもをぼへ候はず。又々申すべし。恐々謹言。

九月六日　　　　　　　　　　　　日　蓮　花押

上野殿　御返事

とて、慰めのことばも見いだしえないから、筆をおくとさえいう。しかし、これだけでは心もとなく思ったか、なんとか慰めのことばを探しだし、追記した。すなわち、

「追伸。此の六月十五日に見奉り候しに、あはれ肝《きも》ある者哉《かな》、男也男也と見候しに、又見候はざ

らん事こそかなしくは候へ。さは候へども釈迦仏・法華経に身を入れて候しかば臨終目出《めでたく》候けり。心は父君と一所に霊山《りようぜん》浄土に参りて、手をとり頭を合せてこそ悦ばれ候らめ。あはれなり、あはれなり」

といい、ここでも、来世浄土での親子の再会をもって結んでいる。

ほかに愛する者との死別の悲哀をつづったものとしては、『持妙尼《じみようあま》御前御返事』（五十八歳）がある。持妙尼が夫をなくしたことにたいする慰めの書で、有名な相思樹《そうしじゆ》や松浦佐与姫《まつらさよひめ》などの話を引用しつつ、「いにしへよりいまにいたるまで、をやこのわかれ、主従のわかれ、いづれかつらからざる。されどもおとこをんなのわかれほど、たとへなかりけるはなし」とて夫婦の別れが最もつらいことを説き、そうして、

「ちりしはなをちしこのみもさきむすぶ、などかは人の返らざるらむ。こぞもうくことしもつらき月日かな、おもひはいつもはれぬものゆへ。法華経の題目をとなへまいらせてまいらせ」

と愛別の悲しみを歌によみながら、唱題するしかないことをのべて、結びとしている。

いっぽう、親子の別れが最もつらいものであり、嘆きの最も深いものであると説いた書も見いだされる。それは『光日房御書』（曾真　五十五歳）で、「主のわかれ、をやのわかれ、夫婦のわかれ、いづれもおろかなるべき。なれども主は又他の主もありぬべし。夫妻は又かはりぬれば、心をやすむる事もありなん。をやこのわかれこそ、月日のへだつるままに、いよ〳〵なげきふかかりぬべくみへ候

へ」というところである。さらに続けて、「をやこのわかれにも、をやはゆきて子はとどまるは、同じ無常なれどもことはりにや。をひたるはわ（母）はとどまりて、わかき子のさきにたつなさけなき事なれば、神も仏もうらめしや」とて、若き子が老いたる親に先だってなくなったことにたいし、限りない悲嘆のことばを投じている。そうして、種々のたとえ話をひきながら、「火にも入り、頭をもわりて、我が子の形をみるべきならば、をしからずとこそ、おぼすらめとをもひやられて、なみだもとどまらず」とて、親の切ない胸のうちを思うと、涙もとどまらないと書き送っている。

『光日房御書』では親子の別れを最もつらいものと嘆じ、さきの『持妙尼御前御返事』では夫婦の別れを最もつらいものと嘆じており、一見、矛盾した感を受けるが、これは、離別を味わった人びとにたいし、その状況に応じて最上級の同情と憐情をそそいだ結果によるものである。ともあれ日蓮は、人間の愛の交わりが死別をもって断ちきられることにたいし、痛恨の思いを禁ずることができず、いかにかして慰めんと努めたのである。その結果、見いだした慰めは、無常な人生からの超越であり、永遠なる浄土への還帰であり、そこでの再会であった。

死への旅だち　日蓮は人生をめで、人間をいとおしんだ。それゆえにこそ、生老病死の苦に心を痛めた。かれ自身も、晩年において、その苦を味わった。きびしい身延の寒気が、次第に日蓮の体をむしばみ、不治の病へとおしやり、不帰の客へとおいやるにいたるのである。

弘安元年六月の手紙に、「日蓮が下痢、去年《こぞ》十二月卅日事起《こと》り」（『中務左衛門尉《なかつかさ さ え もんのじょう》殿御返事』真蹟五十七歳）とあるところから、五十六歳の冬より、冷えこみによる下痢症状がおこったようである。翌年二月の手紙には、「病身たるの故に委細ならず」（『始聞仏乗義』真蹟　五十七歳）とあり、五月ごろの手紙には、「やせやまいと申し、身もくるしく候へば、事々申さず」（『兵《ひょう》衛《え》志《さかん》殿御返事』真蹟　五十七歳）とて、筆をとる元気もうせたことが訴えられ、六月の手紙には、「大覚世尊説いて曰く、生《しょう》老《ろう》病《びょう》死《し》・生《しょう》住《じゅう》異《い》滅《めつ》等云云。既に生を受けて齢《とし》六旬に及ぶ。老又疑いなし。只《ただ》残る所は病死の二句なるのみ。然るに正月より今月六月一日に至り、連連、此の病息《や》むことなし。死ぬる事疑ひなきものか」（『阿仏房御返事』五十七歳）とて死を予想しだしてきている。

そういう中にあって、医薬に長ずる四条金吾の治療を受け、一時よくなることもあった。そのときには、「教主釈尊の入りかわりまいらせて日蓮を扶《たす》け給ふか。地涌《じゆ》の菩薩の妙法蓮華経の良薬をさづけ給へるか」（『中務左衛門尉殿御返事』真蹟　五十七歳）、「今度の命たすかり候は、偏《ひとえ》に釈迦仏の貴辺の身に入り替らせ給ひて御たすけ候か」（『四条金吾殿御返事』五十七歳）と感謝のことばを書き記した。ところが、きびしい寒さは、すぐまた日蓮を病苦にひきもどすにいたる。五十七歳の年の十一月、「すこしく平愈つかまつりて候へども、やゝもすればをこり候」（『兵衛志殿御返事』断真　五十七歳）と手紙に書いている。閑寂の山中において、ときに浄土にひたる思いをした日蓮であったが、寒気の責めに病むにいたっては、浄土変じて地獄と化した。上の手紙に、「この月の十一日たつの時より十四日まで大雪下《ふり》て候……ひるもよるもつめたく候事、法にすぎて候……地獄にことならず」と訴えるところである。池上兄弟から供養された小袖《こそで》について、「此《この》二のこそでなくば、今年はこゞへしに候はん」とて、おくられた小袖によって、かろうじて寒さを防ぎえたと感謝している。

その後、なんとか身をたもち、弘安四年、数えて六十の年を迎える。この年の正月より、また気分がすぐれず、いよいよ最後のときの近きを思わせた。五月二十六日付の手紙に、「今年は正月より其の気分出来《しゅつらい》して、既に一期《いちご》をわりになりぬべし。其の上、齢《よわい》既に六十にみちぬ。たとひ十に一、今年はすぎ候とも、一二をばいかでかすぎ候べき」（『八幡宮造営事』六十歳）とて、たとい今年は生きながらえても、一、二年はむずかしいだろうとのべている。十一月には、門下の努力によって本格的な道場が建設されながらも（『地引御書』曾真　六十歳）、身は衰弱の色を濃くしていった。十二月に入っては、老衰と病弱その極に達し、食ものどに通らないほどとなる。「この十余日は、すでに食もほとをどとゞまりて候」（『上野殿母尼御前御返事』真蹟　六十歳）という。「ゆきはかさなり、かん（寒）はせめ候。身のひゆる事石のごとし。胸のつめたき事氷のごとし」とあるところからして、この年の冬も相当の雪がふり、ことのほか寒さがきびしかったようである。

なお、この『上野殿母尼御前御返事』の中で、供養を受けた酒と藿香《かっこう》（薬用または香料となる草木）で体をあたためることができたことを喜びあふれる思いで報告している。すなわち、「このさけ（酒）はたゝ（温）かにさしわかして、かつかうをはたとくい切て、一度のみて候へば、火を胸にたくがごとし、ゆに入るににたり、あせ（汗）にあかあらい、しづくに足をすゝぐ。此《この》志ざしはいかんがせんとうれしくをもひ候」という。

この酒に関して日蓮と比較される人物に、華厳宗の明恵高弁《みようえこうべん》（一一七三—一二三二）がいる。高弁また、山中の寒気がもとで冷病におかされ、食も通らなくなった。そこで医者が酒を毎朝あたためて飲むことをすすめたところ、死ぬべき定めならば、なんとしても逃れられないだろうし、寿命がつきなければ、また自然に助かることもあろうから、仏が堅く戒めた不飲酒戒《ふおんじゆかい》をおかすことはできない、とことわったという。また、薬用のためとて自分が一滴でも口にすれば、他の者たちは、それにかこつけて酒をたしなむようになり、「山中さながら酒の道場となるべし」（『栂尾《とがのお》明恵上人伝記』巻下）と心配したという。高弁と日蓮と、いずれが是か非かは別として、日蓮のほうに人間臭が感ぜられるかもしれない。

もちろん、日蓮は出家僧として、精進の生活は守った。門下たちから受けた供養の品目を調べてわかることは、なまぐさがないことである。ただ、酒だけは例外だったのである。しかし、そこには、信徒の心づくしを無にすることのないようにとの思いやりも働いている。信徒たちから供養の金品を受けたとき、日蓮は常に誇張にすぎるほどのことばで感謝の意を表しており、酒の供養にたいする謝辞も、その一つである。それはともかくとして、真理の戦においては妥協をゆるさなかった日蓮が、反面において人情もろき存在であったことを、われわれは知る。特に愛別の悲しみにたいしては、憐情の涙にひたったのであり、かれこそは日本人的心情の持主だったといっても、過言ではない。

たとえば、さきの『上野殿母尼御前御返事』において、酒の供養に感謝の意を表しつつ、上野（南条）氏の未亡人が子をなくしたことを思いおこし、再び哀傷のことばをつづっているのである。すなわち、

「此《この》御志ざしはいかんがせんとうれしくをもひ候ところに、両眼よりひとつのなんだをうかべて候。まことや〳〵去年の九月五日こ（故）五郎殿のかくれにしはいかになりけると、胸うちさわぎて、ゆびをゝりかずへ候へば、すでに二ヶ年十六月四百余日にすぎ候が、それには母なれば御をとづれや候らむ。いかにきかせ給はぬやらむ。ふりし雪も又ふれり。ちりし花も又さきて候き。無常ばかりまたもかへりきこへ候はざりけるか。あらうらめし〳〵」

とて、母の心痛に思いをいたしながら、無常・愛別の悲しみに涙を流している。続けては、

「日蓮は所らう（労）のゆへに人々の御文《ふみ》の御返事も申さず候つるが、この事はあまりになげかしく候へば、ふでをとりて候ぞ。これも、よもひさしくもこのよに候はじ。一定《いちじょう》、五郎殿にゆきあいぬとをぼへ候。母よりさきにけさん（見参）し候わば、母のなげき申しつたへ候はん」

とて、衰弱のために人びとに返事も書けないでいるが、母の嘆きいかばかりかと同情の念にたえず、筆をとったとのべ、さらに自分の余命いくばくもない、母より先にかの世におもむき、子の五郎殿に会ったときは、母の嘆きを申し伝えようと結んだ。

右の手紙より以前のものであるが、なき子の四十九日にさいして送られた供養の品々にたいし、日

蓮は返礼の手紙を書いており、その中で、「乞ひ願くは悲母《ひも》、我子《わがこ》を恋しく思食《おぼしめ》し給ひなば、南無妙法蓮華経と唱へさせ給ひて、故南条殿・故五郎殿と一所に生まれんと願はせ給へ」「三人面《おもて》をならべさせ給はん時、御悦び、いかがうれしくおぼしめすべきや」（『上野殿母尼御前御返事』断真　五十九歳）とて、信仰を同じうして一所に生まれ、なき夫、なき子と三人、顔をあわせることを説きすすめている。終りは再びまた、「をいたる母はとどまりて、わかきこはさりぬ。なさけなかりける無常かな無常かな。かゝるなさけなき国をばいといすてさせ給ひて、故五郎殿の御信用ありし法華経につかせ給ひて、常住不壊《ふえ》のりやう山浄《ぜん》土へとくまいりさせ給へ。ちゝはりやうぜん（霊山）にまします。母は娑婆にとどまれり。二人の中間にをはします故五郎殿に心こそをもひやられて、あわれにをぼへ候へ」とて、愛別の悲しみを説きつつ、来世の永遠なる浄土での再会をすすめ、結びとしている。

こうして晩年の日蓮は、生老病死や愛別離苦、総じては人生の無常にたいして悲哀の情を深くし、しばしば悲嘆のことばをつづるにいたる。これを日蓮は老いと病いで気が弱くなり、涙もろくなったと見るか、ここにこそ宗教的心情が発揮されるにいたったと見るか、評価のわかれるところかもしれない。しかし、日蓮自身は「さとりのなげき」（『上野殿御家尼御返事』四十四歳）とて、仏にも嘆きはあることを主張し、仏教は決して悟りすましたり、非情の木石と化することを目的とするものではないことを指摘した。

病苦の嘆きについてであるが、日蓮と同年輩の太田乗明《じようみよう》が、日蓮と同じころに病いにかかり、そのことを日蓮に書き送ってきた。すなわち、「某《それがし》今年は五十七に罷《まか》り成り候へば大厄の年かと覚え候。なにやらんして正月の下旬之比《ころ》より卯月《うづき》の此比《このころ》に至り候まで身心に苦労多く出来《しゆつらい》候。本より人身《にんしん》を受くる者は必ず身心に諸病相続して五体に苦労あるべしと申しながら更に云云《ことさら》」(『太田左衛門尉《さえもんのじよう》御返事』五十七歳)と訴えている。日蓮は共感を禁じえず、さっそく筆をとって、「此の事、最第一の歎きの事也」と同情の意を表しつつ、ひたすら信仰に生きるよう、くわしく法門を説きしめした。そうして、「当年の大厄をば日蓮に任せ給へ」と太田氏の嘆きをいたわり、あたたかく自己に包んだ。なくなった南条(上野氏)五郎の兄で亡父の家督をつぎ、熱心な信仰に生きた次郎時光《ときみつ》が弘安五年に大病にかかったときは、「天魔外道《げどう》が病をつけてをどさんと心み候か。命はかぎりある事なり。すこしもをどろく事なかれ」(『法華証明鈔』真蹟　六十一歳)とて次郎の熱心な信仰を励まし、慰めのことばとしている。このように、日蓮は自己の病いとともに門下たちの病いにも心をいたし、同苦の情をそそいだのである。

ところで弘安四(一二八一)年五月、蒙古が再び襲来した(弘安の役)。しかし、それにたいして日蓮は、もはや関心なきがごとく、微々たる言及しかしていない。閏《うるう》七月一日付の手紙に、「日蓮が勘《かん》文《もん》、粗《ほぼ》仏意に叶《かな》うかの故に、此の合戦、既に興盛《こうじよう》なり。此の国の人々、今生《こんじよう》には一同に修羅道《しゆらどう》に堕し、後生《ごしよう》には皆阿鼻大城《あびだいじよう》に入らんこと、疑いなき者なり」(『曾谷《そや》二郎入道殿御報』六十歳)とのべ、八月八日の手紙には、「此の五月よりは大蒙古の責めに値《あ》ひて、あきれ迷ふ程に、さもやと思ふ人々もあるやらん。にがにがしうしてせめたくはなけれども、有る事なればあたりたり、あたりたり。日蓮が申せし事はあたりたり」（『光日上人御返事』曾真　六十歳）とて、にがにがしくて責める気持もないが、予言があたったことは事実であるという。

ところが、さきの閏七月一日は、あたかも大風のため蒙古が再び敗退した日であった。このことを日蓮は十月ごろになって知らされたらしく、同月の手紙に、「蒙古の大王の頸《くび》の参りて候かと問ひ給ふべし。其の外はいかに申し候とも御返事あるべからず」（『富城《とき》入道殿御返事』六十歳）とのべている。このことばは、予言がまた不発に終ったことにたいする負けおしみと解しえなくもないが、日蓮の目はすでに遠い未来に向けられ、心は現実をはるか超越した境地にひたっていたことを示すものともとれよう。

弘安五年、六十一歳の正月を迎えて、日蓮は、

「満月のごとくなるもちゐ（餅）二十・かんろ（甘露）のごとくなるせいす（清酒）一つつ給《た》び候了《おわん》ぬ。春のはじめの御悦びは月のみつるがごとく、しを（潮）のさすがごとく、草のかこむが如く、雨のふるが如しと思食《おぼしめ》すべし」（『四条金吾殿御返事』断真　六十一歳）

「春の初の御悦び、木に花のさくがごとく、山に草の生出《おいいず》るがごとし、と我も人も悦び入って候。さては御送り物の日記、八木《こめ》一俵・白塩《しお》一俵・十字《むしもち》三十枚・いも一俵給《た》び候了《おわ》んぬ」（『春初《はるのはじめ》御消息』六十一歳）

「春の始《はじめ》の御悦《おんよろこび》、花のごとくひらけ、月のごとくあきらかにわたらせ給ふべし」（『春の始御書』断真　六十一歳）

などと、供養物にたいする謝礼とあわせて初春の喜びを挨拶につづった。

日蓮の体ぐあいのほうはどうだったかであるが、南条次郎時光への手紙である『春初御消息』（正月二十日）には、

「深山の中に白雪三日の間に庭は一丈につもり、谷はみねとなり、みねは天にはしかけたり。鳥鹿は庵室に入り、樵牧《しょうもく》は山にさしいらず。衣はうすし、食はたえたり。夜はかんく（寒苦）鳥にことならず。昼は里へいでんとおもふ心ひまなし。すでに読経《どきょう》のこえもたえ、観念《かんねん》の心もうすし」

とて、大雪のため、木こりや牛かいたちも山に入らず、衣食はとぼしく、寒苦に責められて経読む声もとだえ、思索する心もうすれ、しきりと里へおりたい気持にかられると述懐している。信徒からの供養物にたいする感謝の意を誇張的に表現したところも見られるが、もはや長く山にとどまることは無理の状態にきたと想像される。ともあれ日蓮は、門下たちの訪れや届けものに弱まる心をおさえ、かろうじて消えゆこうとする命をたもったのである。右の『春初御消息』に、「御とぶらひに命いきて又もや見参《けさん》に入り候はんずらんとうれしく候」というところである。

ついに弘安五年の秋九月、まわりのすすめもあってか、常陸《ひたち》の湯に身を養うことになり、波木井《はきい》氏

から恵与された栗鹿毛《くりかげ》の馬に乗り、弟子たちや波木井氏の一族に守られながら、身延の山をあとにした。途中、池上宗仲の家（現在の池上本門寺）に立ちより、休息をとる。難儀な道中ではあったが、つつがなく池上邸に到着したことを、喜びをもって波木井氏に報告した。到着の翌日にあたる九月十九日付の手紙『波木井殿御報』（六十一歳）が、それである。文中に、「やがてかへりまいり候はんずる道にて候へども、所らう（労）のみ（身）にて候へば、不ぢゃう（定）なる事も候はんずらん」とあるところからすると、日蓮は保養の後、また身延にもどるつもりだったようである。しかし、それは、もはややかなわぬことかと思い、このまま死ぬことがあれば、身延にほうむってもらいたいと依頼した。すなわち、「いづくにて死に候とも、はかをばみのぶのさわ（沢）にせさせ候べく候」という。

なお、恵与された栗鹿毛《くりかげ》の馬に、いたく愛着を感じ、常陸の湯までつれていこうと思ったが、人にとられたりするといたわしいので、これまでの馬丁をつけて、湯からもどるまで預けておきたいと願った。すなわち、

「くりかげの御馬はあまりをもしろくをぼへ候ほどに、いつまでもうしなふまじく候。ひたちのゆへひかせ候はんと思ひ候が、もし人にもぞとられ候はん。又そのほかいたはしくをぼへば、ゆよりかへり候はんほど、かづさ（上総）のもばら殿のもとにあづけをきたてまつるべく候に、しらぬとねり（舎人）をつけて候ては、をぼつかなくをぼへ候。まかりかへり候はんまで、此のとねりをつけをき候はんとぞんじ候」（『波木井殿御報』六十一歳）

とのべている。江戸時代のはじめ、日蓮宗から天台宗に転向した真迢《しんじょう》（一五九六—一六五九）は、『禁断日蓮義』の中で、この日蓮の馬にたいする愛着を出家者の道に反するものとして、非難を加えるにいたった。なるほど、右の文からは人間くさい日蓮が浮びあがってくる。俗物根性との悪評も、出てくるかもしれない。しかし、世上まま誤解されがちな強剛いっぽうの日蓮のイメージを改めるには、かっこうの材料ともいえよう。日蓮こそは、いとおしみの心を持った人間であったということである。

『波木井殿御報』は日蓮自身が筆をとったものではなく、弟子の日興の代筆であり、「所らうのあひだ、はんぎやう（判形）をくはへず候事、恐れ入り候」とて、署名の印（花押《かおう》）さえも施されていない。ともかく、これが日蓮最後の手紙である。常陸の湯におもむく元気もうせ、ついに臨終させまるときがきた。日興の『御遷化記録《ごせんげきろく》』によると、十月八日、日昭《にっしょう》・日朗《にちろう》・日興《にっこう》・日向《にこう》・日頂《にっちょう》・日持《にちじ》の六人を本弟子（六老僧）と定め、後事を託したという。この記録によると、日蓮が息をひきとったのは、十月十三日、辰《たつ》の刻（午前八時）である。ときに、年数えて六十一歳であった。

「十四日戌《いぬ》の時御入棺、日朗日昭子《ね》の時御葬也」（『御遷化記録』）とあるところによれば、十四日戌《いぬ》の刻（午後八時）に日朗・日昭によって入棺がなされ、子《ね》の刻（夜十二時）に葬送の儀がおこなわれた。日持を通して日蓮の門に参じた日位《にちい》の『御葬送日記』によると、「御遷化御舎利は同月十九日、池上御立ち有り」とて、日蓮の遺骨は十月十九日に池上を立ち、身延に向かったことが知られる。こうして波乱にみちた日蓮の一生は、はせ参じた弟子・信徒たちの見まもるなかに、その幕をとじたのである。

VI　日蓮の継承者

日蓮遺文の収集　日蓮の生涯は、きわめて波乱に富んだものであった。したがって、思想もまた流動的であった。日蓮においては、生涯の歩みが思想の歩みであったといえよう。かれには大著はなく、その代りに短篇が無数に存在している。大著がないことについては、つぎつぎと押しよせた人生の荒波と苦難とが、日蓮をして大著に取りくむ時間と余裕を与えなかったということが考えられよう。また短篇が無数に存することについては、日蓮の動的な生涯の歩みそのものが、かれの思想の展開であり、人生の一歩が思想の一歩であり、その一歩一歩の歩みが記録されて、無数の短篇となったということである。

それらは、いわば日蓮の生涯の一歩一歩のしたたりであり、一刻一刻のリズムをかなでたものである。一口にいって、日蓮の人生記録である。したがって、日蓮の思想の特色は、かれの生涯の歩みを無視してはつかめず、また、生涯にわたる諸篇を人生歴にそって全体的に目を通さなくては、理解することはできないといえよう。

古来、どの書を基準とし、中心におくかということが論議され、その結果、三大部ないし五大部というものを選びだし、それらを基にして日蓮の思想・教義を輪郭づけようとするにいたった。三大部とは『立正安国論』（三十九歳）・『開目鈔』（五十一歳）・『観心本尊抄』（五十二歳）で、それに『撰時抄』（五十四歳）・『報恩抄』（五十五歳）を加えたものが五大部である。ただし、三大部・五大部の選びかたについては、過去に異説が出ている。たとえば三大部については、『開目鈔』『観心本尊抄』『撰時抄』あるいは『開目鈔』『撰時抄』『報恩抄』があげられたりした。これらは、佐渡流罪以後（佐後《さご》）を標準としたもので、そのため、佐渡流罪以前（佐前《ぜん》）の『立正安国論』を除いたのである。なお、『開目鈔』『観心本尊抄』『撰時抄』は質的観点に立っての三大部であり、『開目鈔』『撰時抄』『報恩抄』は量的観点に立っての三大部といわれる。また五大部については、『立正安国論』の代りに『守護国家論』（三十八歳）を入れる場合もある。『立正安国論』は政府への建白書として、他の著作と体裁を異にするからという理由である。

右の三大部とか五大部とかは、天台三大部ないし五大部にのっとったもので、いささか形式的な感がしないでもない。日蓮の生きた思想を知るには、それだけでは不足といわねばならない。特に多数にのぼる手紙類は、これこそ生きた思想の記録として、日蓮を知る上に欠くことのできないものである。しかも、人生の苦難に悩む信徒たちに、生きる上の指針を説いたものが多く、人生教訓に富み、生活倫理に満ちたものとなっている。

日蓮の手紙を読んで気がつくことは、師弟・親子・夫婦・兄弟・同僚などの人間の交わりについて、たびたび機に応じた教訓や指示が与えられていることである。弟子や信徒たちの間に、これらの人間の交わりについて、いろいろと問題がおきたことが関係していると思われるが、日蓮の説きかたが綿密をきわめ、古事・説話を無尽に活用しており、日蓮自身が人生問題に深い関心をよせていたことが知られる。男女・夫婦の愛情について語ることも多く、愛する者との死別の悲しみについては、みずからも涙しながら慰めのことばをつづっており、日蓮があつい人情の持主であったことを思わせる。

さて、日蓮の著作類を総括して御書《ごしょ》・祖書《そしょ》・御妙判《ごみょうはん》・遺文《いぶん》などと呼んでいるが、その中には教義や信仰あるいは自伝をしたためた論書・手紙のほか、政府筋に提出された公文書、自分のメモとしての記録・抜書・図表などが含まれる。その数は、完全なもの四七五、断片のもの二八五、合計七六〇にも達する。所持の『法華経』の余白に関連要文を注記した『註法華経《ちゅうほけきょう》』一〇巻も、現存している。もちろん、日蓮没後の偽作と思われるものもあり、古来、真偽の疑いをかけられたものを数えあげると、ざっと一〇〇篇ちかくにのぼる。それらについては、改めて考証の要あるところである。なお、真蹟の残っている遺文は、完全な形のもの一一五篇、断片三三〇篇ほどあり、そのほか、かって真蹟が存していたことが証明されるもの、直弟子や孫弟子による写本（古写本）もあり、これらは確かな日蓮遺文として真蹟と同等に扱われている。ただし、真蹟についても、その鑑定は難事業であり、思想内容からして疑問を感じさせるものもあり、改めて検討を要するといえよう。

日蓮遺文の収集については、すでに日蓮の存命中から部分的にはなされていたと思われる。弟子や信徒たちは、日蓮から授かった論書や手紙をたいせつに保存し、ものによっては回覧したり、また転写することもあった。そのうちに、分散するものも出てきた。一つの遺文であっても、その真蹟が断片となって諸処に存在するものがあるが、おそらく珍重のあまり、分割保存されるにいたったものであろう。正式に日蓮遺文の収集にのりだすのは、日蓮没後まもなくのことである。

すなわち、代表的信徒であった富木常忍《じょうにん》、太田乗明《じょうみょう》の二人によって、日蓮遺文の収集・記録が開始される。富木常忍（一二一六—一二九九）は下総《しもうさ》若宮（市川市中山）に住み、日蓮没後、私邸を寺に改め、法華寺《ほっけじ》と称し、みずから僧となって常修院日常《にちじょう》と名のり、真蹟の保持と遺文の収集に努めた。日蓮没後一八年の永仁七（一二九九）年三月六日、『常修院本尊聖教事《しょうぎょうのこと》』と名づけられる真蹟中心の目録を作成している。その中には、遺文七三篇のほか、日蓮所持の仏像や経典・論書、日蓮書写の経典・論書などの名もあがる。いっぽう太田乗明（一二二二—一二八三）は、同じく私邸を寺院にして本妙寺（中山）と称し、かれの子で日蓮の孫弟子となった日高《にっこう》（一二五七—一三一四）に後を託した。なくなってからは、富木氏が後見となり、さらに、さきの法華寺をも日高にゆずった。

そこで、日高は法華寺と本妙寺の両寺一主の制を定め、現在の中山法華経寺の基礎を造った。その日高は晩年、日祐《にちゆう》（一二九六—一三七四）にゆずり、日祐は日常の遺業をつぎ、遺文収集を一生の仕事として、身延や京都の諸寺をたずねては書写し、その結果、康永三（一三四四）年二月八日、『本尊聖教録《しょうぎょう》』を作成した。この目録には、日常目録の記載のもの、本妙寺に伝わるもの、日祐自身の収集したものが網羅されており、内容は、真蹟、写本遺文のほか、曼荼羅・釈迦等の諸像、日蓮影像、仏教内外の諸書、仏具にまでいたっている。掲載された真蹟・写本それぞれ七十余篇を数えることができる。ただし、重複するものもあり、また真蹟といっても、現在からすれば疑わしいものも存する。それはともかくとして、日祐の収集は、当時としては大事業であったといえよう。

身延山（久遠寺《くおんじ》）でも、遺文収集に努めた。第十一代の行学院日朝《にっちょう》（一四二二—一五〇〇）をはじめとして、歴代が遺文を収集し、その目録を作成している。ただ残念なことに、身延に保存された真蹟は、明治八（一八七五）年の大火で焼失し、目録を残すのみとなった。ともあれ、こうして日蓮没後、各方面で遺文の収集・保存・記録がなされていき、近世から現代にかけては、それらを種々な形に整理し、日蓮遺文集として刊行するにいたっている。

なお伝説によれば、日蓮没後、六老僧あいはかり、一周忌を期して門下の所持する遺文の提示を求めたところ、一四八篇が集まり、そこで、これを目録にのせて『録内御書《ろくないごしょ》』と称し、さらに三周忌を期して前回にもれたもの二五九篇を集め、これを『録外御書《ろくげごしょ》』と称したという。しかし、これは伝説であって、実際の収集事情にそぐわない。事実は、一四世紀半ばから一五世紀半ばにかけて一四八篇が編集され、その後、また遺文が発見されたので、それらを『録外御書』と呼び、前の一四八篇を『録内御書』と称して区別したと考えられる。『録外御書』二五九篇という数は、江戸中期ごろになって出てきたものと推定される。伝統的には『録内御書』を中心とするということがいわれてきたが、要は発見の早い遅いの違いでしかなく、『録内御書』のほうが確実だとは必ずしもいえない。『録外御書』の中に、かえって真蹟や古写本が見いだされるものもあり、『録内御書』の中にさえ、現在から見て疑わしいと思われるものがある。

以上、日蓮没後の遺文収集の状況を概観したわけであるが、このような日蓮遺文の収集と並んで、日蓮の弟子・孫弟子たちは各地に布教の線をのばし、日蓮教団が形成されていった。時代が下がるにつれて、日蓮から直接に伝えられた教説、遺文に盛られた教義について解釈の相違をきたし、また、そのほかの事情も手伝って、諸流派の分立を見るにいたる。いっぽう、教団外においても種々の日蓮信奉がおきており、それらを合わせて結論づけるなら、日蓮の継承者から進んで日蓮の信奉者の発生となり、ひいては日蓮法華信仰の歴史が展開されていったといえよう。

その歴史の中で注目すべきものとしては、室町時代における京都町衆《まちしゅう》の日蓮法華信仰、近世における不受不施《ふじゅふせ》派の殉教運動、幕末から近代にかけての日蓮系新宗教運動、日本近代のあけぼのとともに興起した諸種の日蓮法華信仰などがあげられる。近代に限定していえば、いわゆる日蓮主義の運動というものが、近代日本の歩みに応じて展開しており、近代日本の歩みを無視しては、日蓮主義の運動を語ることはできない。これを逆にいえば、近代日本の歩みを知る上に、日蓮主義の運動は欠くことのできない資料となっているということである。

種々の日蓮信奉　現在、日蓮がよりどころとした『法華経』についてもそうであるが、日蓮自身についても、賛否両極の評価が存する。日蓮にたいする最も共通した批判は、かれが排他的・戦闘的であり、自己内省にとぼしい強剛尊大な人物ということである。このような批判は過去にもおきており、門弟たちの中にさえ、「日蓮御房《ごぼう》は師匠にてはおはせども、余りにこは（剛）し。我等はやはらかに法華経を弘むべし」（『佐渡御書』五十一歳）とて、日蓮の攻勢的な態度に批判的となり、軟化・離反する者が出たほどである。

そのほか、日蓮は現世主義であり、呪術的な現世利益の祈禱にみちており、その予言的性格もシャマニズムとの関連において考えられるものであり、また鎮護国家の旧仏教的な色彩が濃く残っており、政治的には国家主義に結びつくものとの批判も、よく耳にする。そういうことから、日蓮には宗教の真髄は見られないとし、親鸞・道元などは並べて取りあげながら、日蓮はカットすることが多い。

しかし、いっぽう、このように批判され、敬遠された点が、かえって逆に人びとの心をとらえ、日蓮信奉者を続出させていることも、また偽らざる事実である。たとえば、現代のいわゆる新興宗教において、仏教関係のものは、そのほとんどが日蓮系でしめられており、そのうちには、数百万という信徒をかかえて発展しているものもある。これにたいし、新興宗教は低級な現世利益を中心としたものであり、その低級な現世利益の思想が日蓮に存するがゆえに、新興宗教に日蓮系が多いと批判されがちであるが、必ずしも、そうとはいいきれない。

泡沫のごとく現われては消えた新興宗教は別として、歴史の試練にたえて生命をたもち、存続し、発展してきた新興宗教の中には、下積みの民衆に生きる勇気と希望を与え、現実にたいする積極的開拓の精神をうえつけ、民衆中心の社会建設、いわゆる「世直し」を説き、それによって多くの民衆を吸収した教団が見いだされる。それをしも現世利益というなら、それは陰湿・蒙昧《もうまい》な呪術と評さるべきものではなく、現実開拓・社会改革の生命的力動として、高く評価されてしかるべきものである。日蓮における現世利益の説も、そこから発想されたものである。ちなみに新興宗教の運動は、幕末から明治にかけて、そのはしりが見られるが、それは、幕末に一般民衆の間で勃発した「お蔭参り」や「ええじゃないか」の世直し運動を組織化したものということができる。

過去をふりかえってみると、室町時代に京都の町衆《まちしゅう》の中に日蓮信奉が広まっていった。町衆とは、商工業者たちの自治協同グループのことである。当時、京都においては、禅宗（臨済宗）が幕府の保護を受けて、一番の勢力を築いていたが、応永七（一四〇〇）年ごろには、日蓮宗はそのような自治協同組織をもった町民の支持のもとに、禅宗につぐ繁栄をとげ、さらに寛正元（一四六〇）年ごろには、京都町民の大半が日蓮宗に帰依して、ついに日蓮信奉者が洛内に充満したと伝えられる。寺院についてみれば、永享十二（一四四〇）年ごろ、日蓮宗寺院が京都に約六〇ヵ寺もできあがり、そのうち末寺を有する本山格のものが二一ヵ寺にも達したという。町民の間に日蓮信奉が広まった理由としては、日蓮に見られる、苦難にたえての現実への積極的な立ち向かいが、営利のために刻苦奮励する商工業者の心情に、よく符合したものと考えられる。

このように、室町時代の京都町衆のほとんどが、日蓮ないし法華信徒となったことは、注目すべきことがらである。そして、室町文化の底流には、これら町衆による、いわば町衆文化というものがあったことを忘れてはならない。この町衆文化が時代とともに次第に表面に浮かび出ていき、江戸・元禄期の町人文化へと受けつがれるにもいたるが、それら文化の代表的なにない手として名をはせた人びとの中に、日蓮法華信徒が何人か見いだされるところである。

たとえば本阿弥光悦（一五五八—一六三七）を出した本阿弥家、茶屋四郎次郎の通称で知られる茶屋家、安土城・大阪城・伏見城などの障壁画の制作で有名となった狩野家などが、それである。狩野永徳（一五四三—一五九〇）の描いた「洛中洛外図屛風」などには、町衆出身の風格があふれ出ているといえよう。永徳と肩を並べた長谷川等伯（一五三九—一六一〇）もまた、日蓮信者である。元禄期にいたっては、町人文芸の代表作家である近松門左衛門（一六五三—一七二四）が、また熱心な日蓮信奉者であり、浮世絵の菱川師宣《ひしかわもろのぶ》（一六一八—一六九四）から葛飾北斎《かつしかほくさい》（一七六〇—一八四九）なども、そうだといわれる。

京都町民（町衆）の大半が日蓮ないし法華信仰を奉じたということは、近代の民衆に根ざした新宗教運動の中の仏教系が、日蓮ないし法華信仰でしめられていることと、合わせ考えられるべき興味深いことがらである。これについては、日蓮思想から天台教理、さらには『法華経』そのものにさかのぼって検討を加える必要があろう。その上で、これらと日本文化あるいは日本思潮との接触に分析のメスが加えられねばならない。

近世においては、不受不施《ふじゅふせ》と称せられる日蓮信奉グループがおきている。キリシタンとともに江戸幕府の二大禁制宗門となり、日本の近世史を殉教の血で色どったものである。明治三年にいたるまで激しい迫害を受けつづけ、僧侶のみならず多数の信徒が殉難した。その発端は、文禄四（一五九五）年の千僧会《せんぞうえ》に始まる。

豊臣秀吉は、その年、方広寺の大仏供養のために各宗派から僧侶を出仕させて、千僧会を開こうとした。ところが日蓮宗妙覚寺の日奥《にちおう》（一五六五—一六三〇）は、不信・異教の者から施しを受けることは法に反するとして、不施のみならず不受を主張し、千僧会に参加することをこばんだ。ここから不受不施派の発生となる。このような態度は、政府の権威を傷つけるものとして、弾圧の対象となったことはいうまでもない。日奥は慶長四（一五九九）年、ついに対馬《つしま》に流罪となり、ゆるされて後、寛永七（一六三〇）年にまた対馬に流された。この時はすでになくなっており、遺骸が流罪地に送られたもので、いわゆる死後の流罪である。

その後、不受不施を奉じた寺院・僧侶・信徒への弾圧は次第に拡大していくとともに、激しさを加え、多くの者が捕えられて流罪あるいは斬罪となり、また信仰の純粋をたもつために無籍者となって諸国を流浪するか、みずから命を断つ者も出た。驚くべきことに、殉教信徒の中には、かよわき女性や幼児までも含まれている。

一体なにが、かれらをしてこのような不惜身命の殉教へとかりたてたのであろうか。キリスト教徒の殉教とともに、歴史の不思議といわねばならないが、直接には、日蓮における殉教・殉難の使徒意識が大きな作用をなしたと考えられる。不受不施の主義・主張や行動は、現代からすれば、批判さるべき点があるかもしれない。しかし、それをさし引いても、崇高・清純な宗教信仰のすがたに驚嘆せざるをえない。ひいては、日蓮思想ないし日蓮信奉が低俗な現世利益的信仰とは違って、きわめて高度な宗教精神にみちたものであることを知る。なお、僧侶については、日奥以前に、すでに何人かが権力に抗して殉教・殉難している。

近代になっては、政治活動にも結びついた日蓮主義運動がおきている。そこでは、明らかに国家主義と軌を一にしたものが現われた。その代表が田中智学《ちがく》（一八六一―一九三九）の「国柱会」である。智学は国家発揚的な事件がおこると、常にそれと歩を合わせて日蓮主義を鼓吹した。かれが明治三十四（一九〇一）年に著わした『宗門の維新』は熱気あふれることばでつづられており、当時の憂国の志士たち、血気さかんな青年たちの情熱をかきたてた。智学の影響で日蓮主義を奉ずるにいたった者は多い。五・一五事件の黒幕となった井上日召《にっしょう》（一八八六―一九六七）なども、智学の影響を受けたものである。

満州事変の立役者である石原莞爾《かんじ》（一八八九―一九四九）もまた、智学の影響を受け、国柱会に入会した。ちなみにかれは、日蓮の「前代未聞《みもん》の大闘諍《だいとうじょう》、一閻浮提《いちえんぶだい》に起るべし」（『撰時抄』五十四歳）

ということばにもとづいて、世界最終戦を主張した。なお智学からの直接の影響ではないが、井上日召と同様、右翼革命と日蓮主義を結びつけた者に、二・二六事件の黒幕となった北一輝《きたいっき》（一八八三―一九三七）が存する。

右のような国家主義的日蓮信奉を見れば、さきにあげた日蓮が国家主義者であるという批判も、まちがってはいないといえるかもしれない。しかし、当時の日蓮信奉者の中には、日蓮を国家主義に結びつけたりすることは、日蓮を曲解するもはなはだしいと憤慨し、警告を発した人物もいる。

明治の文豪高山樗牛《ちょぎゅう》（一八七一―一九〇二）が、その人である。かれもまた智学の影響によって日蓮信奉者になった一人であるが、かれは、国家の権威を超越したところに日蓮の真髄をくみとり、そこにひかれて日蓮を信仰するにいたったのである。

日蓮は、聖なる仏法の権威を俗なる王法の権威の上に高くかかげ、それでもって国家に対決をいどみ、ときに国家の改革を試みた。そういう形で国家に積極的に働きかけたのである。したがって、およそ国家主義とは反対であるといわねばならない。これを信仰者個人にあてはめれば、信仰者は聖なる仏法の世界に生きる者として、いっさいの俗なる地上的権威をこえた存在となる。天皇・国神さえも、その前にはひれふすべきであると説いている。また、信仰者は俗なる世界を正すべく聖なる世界からつかわされた使徒であり、その使徒意識のもと、俗権に抗し、その圧迫にたえて殉教・殉難することが強調されている。

高山樗牛においては、前章で述べたが、人生にたいする敗亡意識におちいった際、右のごとき日蓮の言説に自己の敗亡意識が救われる思いがし、日蓮信奉を深めていった。かれは、日蓮の「王地に生れたれば身をば随へられたてまつるやうなりとも、心をば随へられたてまつるべからず」（『撰時抄』五十四歳）ということばと、バイブルの「カイザルの物はカイザルに、神の物は神に返せ」（マタイ伝二二・二一）ということばを取りあげ、このように宣告しうる人があれば、「吾人は走って其の靴の紐を結びても彼れの門下とならむ哉」（『日蓮と基督』）と賛嘆している。

樗牛の日蓮解釈のさきの国家主義的解釈とを比較するとき、樗牛のほうが日蓮の真意をつかんだものということができよう。興味ぶかいことは、キリスト教徒のなかに樗牛と同一の見解に立って日蓮を賛じた者が出ていることである。その代表者は内村鑑三（一八六一―一九三〇）である。かれは『代表的日本人』を著わし、仏教僧侶としては日蓮を取りあげ、「単独、世に抗す」とたたえ、「人間として最も不敵なる人間、この彼の勇気は全く彼が此の地上への仏陀の特別の使者（上行《じょうぎょう》菩薩《ぼさつ》）であるという確信に基づけるものであった。彼自身は何者でもない――『海辺の旃陀羅《せんだら》が子』である、――併《しか》し法華経の伝道者たるの資格にありては、彼の身は天地一切の重要さを有《も》つものであった」と論じている。

内村鑑三の門下である矢内原忠雄（一八九三―一九六一）も、その著『余の尊敬する人物』において日蓮を取りあげ、日蓮に欠点はあるが、それは偽善ではなく、「彼の性格は真実であります。純真であります。彼は真理を生命としたが故に、真理の敵に対しては、両立を許さざるほどの激しい憤りを発したのです。日蓮の怒の底には、真理に対する熱愛があったのです」と弁護し、国家観については、「日蓮は国を法によって愛したのであって、法を国によって愛したのではありません」「立正が安国の因《もと》でありまして、安国によりて立正を得ようとするは、本末転倒であります。日蓮の目的としたものは国家主義の宗教ではありません。宗教的国家であります。国家の為めの真理でなく、真理的国家であります」といって、日蓮を国家主義者と解することの誤りを正している。

このような日蓮の王権・国権にたいする否定・対決の思想、そこから生まれてくる国家・社会の改革の理念が政治活動に応用されてくると、ときに社会主義的な日蓮信奉の誕生となる。妹尾《せのお》義郎（一八九〇—一九六一）の「新興仏教青年同盟」が、それにあたる。かれは、この同盟結成にさいして三綱領を立てたが、そこには釈尊を鑽仰《さんごう》しつつ同胞信愛の仏国土を建設すること、資本主義体制は仏教精神に反し、大衆の幸福を阻害するものとして、革正されるべきことがうたわれている。進んでは、天皇制をも批判し、その打倒を思うようになった。日蓮の『諫暁《かんぎょう》八幡抄』（五十九歳）などに見える国王批判が、その考えの支えとなったという。また、日蓮が蒙古襲来をもって隣国の聖人の日本治罰とみなしたことを取りあげ、これこそ国際主義の典型であるとし、ひいては日蓮を国家主義に祭りあげることは日蓮を冒瀆するものであると非難した。妹尾は、無産大衆の解放運動や労働組合・労働争議に積極的に参加した。その結果、ついに政府の弾圧の手がのび、昭和十一（一九三六）年十二月、検挙されるにいたり、「新興仏教青年同盟」も解散させられた。

もちろん、日蓮自身、社会主義的イデオロギーを打ちだしたわけではない。しかし、日蓮遺文を忠実に読んでみるなら、国家主義に利用されるものは存在せず、それと反対に反権的な言論が随所に目につく。そのために戦時中、数百ヵ所にわたって遺文の削除が命ぜられ、また、遺文をそのまま奉じたために不敬罪に問われ、投獄される者も何人か出たのである。

なお、日蓮信奉のいま一つのタイプとして、宮沢賢治（一八九六―一九三三）があげられる。賢治は中学五年ごろ、かれの家に『法華経』が蔵されているのを見つけ、一読の後、身ぶるいがするほどに感激をおぼえたという。二十五歳のとき、田中智学の国柱会に入会し、日蓮主義者としての情熱のほのおを燃やすにいたった。しかし、かれは次第に智学の国家主義的な日蓮主義とは方向を異にしてゆき、日蓮・法華を通しての、いわば宇宙実相の信奉とでもいうべき道に入っていった。大正十五（一九二六）年六月に起草された『農民芸術概論綱要』（三十一歳）に、それが端的に表明されている。「まづもろともにかがやく宇宙の微塵となりて無方の空にちらばらう」「正しく強く生きるとは、銀河系を自らの中に意識してこれに応じて行くことである」とか、「風とゆききし、雲からエネルギーをとれ」「われらに要《い》るものは銀河を包む透明な意志、巨《おお》きな力と熱である」などといっている。

雲からのエネルギー、銀河を包む透明な意志、巨大な力と熱は、世界にたいする大いなる希願へと燃焼する。その大いなる希願とは、かれのいうところによれば、世界全体が幸福になることである。

要約すれば、銀河宇宙に身をひたし、そこからエネルギーを取って世界全体の幸福への希願となし、その希願のもと、「なべての悩みをたきぎと燃やし、なべての心を心と」して共歓同苦しながら強く正しく生きていくこと、これが日蓮・法華信仰をとおして賢治が学びとった人生訓である。

これをさらに一口で表現すれば、ナム・サダルマ・プンダリーカ・スートラ（南無妙法蓮華経）ということになる。かれは、ある手紙の中で、「大きな勇気を出して、すべてのいきもののほんたうの幸福を探さなければいけない。それはナム・サダルマ・プンダリーカ・スートラといふものである」と書き送っている。賢治は、ことあるごとに南無妙法蓮華経と唱えては、はてしない大空にむかって心を飛翔させ、無限なる宇宙の実相を観じ、人生超越の喜びにひたり、そこから地上に降りてきては、苦難にたえて人生を生きていく強さと雄々しさを獲得したのである。

かれもまた樗牛と同様に結核に倒れ、敗亡意識に襲われたが、そのゆえに法華信仰を強め、無限の宇宙に包まれ、永遠の生命に抱かれながら、与えられた人生を最後まで生きぬいた。樗牛にしても、賢治にしても、そこには身延期の日蓮を思わせるものがある。

このような宇宙実相ないし永遠の生命に自己のよりどころを見いだした者として、宮沢賢治のほかに、もう一人あげることができる。それは、ゾルゲ事件に連坐して死刑となった尾崎秀実《ほつみ》（一九〇一―一九四四）である。尾崎は直接、日蓮あるいは法華信奉者となったわけではないが、獄中で『法華経講義』を読み、せまりくる死の断頭に不安を感じつつも、悠久な宇宙の生命にふれて死を超克するにいたった。

死後、獄中で書かれた手紙が編集され、『愛情はふる星のごとく』という題のもとに出版されたが、その中に、「人は常に悠久なる宇宙の生命の中に縹渺《ひょうびょう》として無限に生きることを思はねばならない」「有限しかも須臾《しゅゆ》なる生命をもって無窮の宇宙に生きる」とか、「永遠の生命は実にこのやうにして、現世を力一杯生き抜くことのうちに存在する」などのことばが見うけられる。かれは、無限なる宇宙の実相を観じ、悠久なる宇宙の生命を思うて、死を覚悟し、一日一日の短い命を十全に生きようとつとめたのである。

以上、種々なタイプの日蓮信奉ないし鑽仰がおきたことを紹介したが、あとは日蓮の思想を他の鎌倉諸師と対比させて、まとめあげ、賛否両極の評価のいずれを取るかは、読者にまかせることにしたいと思う。

日蓮と鎌倉諸師　いわゆる鎌倉新仏教の祖として、法然・栄西・親鸞・道元・日蓮などがあげられるが、これら諸師には、時代と思想の二面からの共通背景が考えられる。時代としては、武家政権の鎌倉時代に諸師たちが活動したということであり、思想の面では、かれらが一度は叡山で学んだ天台本覚《ほんがく》思想が、共通背景としてあげられる。ただし、時代に関しては、法然・栄西たちと親鸞・道元・日蓮たちとの間に進展があり、そこで、法然・栄西たちの仏教を第一次的な鎌倉新仏教、親鸞・道元・日蓮たちの仏教を第二次的な鎌倉新仏教というように区別するのが適当かと思われる。

鎌倉新仏教を第一次と第二次という二グループに分けて考えることについて、その契機となるものが、承久三（一二二一）年の承久《じょうきゅう》の乱である。承久の乱は、後鳥羽上皇が古代王朝政権の最後の巻きかえしをはかったもので、私憤に発し、時勢に逆行した上皇の挙兵は失敗に終り、ここに、古代王朝から新興武士への政権の移行は決定的となる。そうして、新興武士による積極的な新秩序建設の時代を迎えるのである。新秩序建設の息吹きは、たとえば北条泰時の制定した『御成敗式目』（貞永式目一二三二）によっても知られる。後世、「明月の出づるや五十一箇条」とたたえられたもので、道理に基づく新秩序の建設に意がそそがれている。南朝の柱石であった北畠親房さえも、『神皇正統記《じんのうしょうとうき》』（一三三九）の中で反動的な後鳥羽上皇を厳しく批判し、泰時にたいしては、「泰時心タダシク政スナヲニシテ、人ヲハグクミ物ニオゴラズ」「徳政ヲサキトシ、法式ヲカタクス」と賛辞を呈したところである。

法然（一一三三―一二一二）にしても、また栄西（一一四一―一二一五）にしても、なくなったのは承久の乱より以前である。活動期は源頼朝による鎌倉幕府の創設（一一八五）以後であり、したがって、いちおう鎌倉時代に入れられるが、古代貴族の没落を契機としての末世争乱の様相が、まだ濃く存在していた時である。特に法然によって確立された浄土念仏は、そのような末世的な時代・社会の状況が大いに関係しているといえる。それにたいして、栄西の臨済禅は新たに宋から移入されたものであり、それ自体は当時の日本の時代・社会の状況に関係はない。ただ、栄西の活動期が法然と同じくしているので、その点から、法然とともに第一次的な鎌倉新仏教に入れることができよう。なお臨済禅については、栄西よりも大日能忍《だいにち》のほうが、むしろ注目される。大日能忍の生没年代は不明であるが、一一八九年、弟子二人を宋につかわし、臨済禅を学ばせて帰らせ、みずから達磨宗と称して新風の禅を広めた。一時は法然の浄土念仏と並んで国内に流行したことは、日蓮遺文に「此《この》両義国土に充満せり」(『開目鈔』五十一歳)などというところである。

法然などにたいし、親鸞(一一七三―一二六二)・道元(一二〇〇―一二五三)・日蓮(一二二二―一二八二)たちは、すべて承久の乱以後において、本格的な布教・述作の活動を展開しており、新興武士による積極的な秩序建設の息吹きが、かれらに伝わっていたと考えられる。そこに、法然とは一時期を画するものがあり、ひいては、親鸞・道元・日蓮を第二次的な鎌倉新仏教のグループとみなすゆえんである。特に日蓮は、その生まれた地が坂東武者の領域に属する房州であり、布教の根拠地が武家政権の存する鎌倉であったことなどから、最もよく新興武士の動静を察知していたといえよう。また、日蓮の信徒に武士が多かったことも、あわせ考えるべきことがらであろう。

以上のごとき時代的な共通背景と並んで、次に取りあげられるのが思想的な共通背景である。その思想的な共通背景としては、叡山を中心として発達していった天台本覚《ほんがく》思想が取りあげられる。

天台本覚思想とは、二元相対的な考えを突破・超越して不二《ふに》絶対の世界を究明したもので、ひいては現実のいっさいを本来の覚性《かくしょう》(本覚)の現われとして肯定するにいたった。たとえば、生と死との対立を突破・超越した生死不二《しょうじふに》・一如《いちにょ》のところに真の永遠絶対の生命がつかまれると説き、そこから現実をふり返ったとき、現実の生も死も、ともに永遠絶対の生命の活現のすがたとして肯定されることを強調した。生が永遠の生命の活動の一コマであり、一つのすがたであるなら、死もまた永遠の生命の活動の一コマであり、一つのすがたであるということで、ここから生もまたよし、死もまたよしと肯定されてくる。のちに、「咲く咲く常住、散る散る常住」というモットーができたところである。大いなる人生達観といえよう。

天台本覚思想は、哲理としては最も高度なものといって過言ではない。日本中世の仏教界のみならず、修験道・神道・文芸の方面にまで広く影響を与え、また摂取されていったゆえんである。その中世日本において注目すべきことは、伝統的な日本文化・思想が理論化を通して確立されたことである。その理論化にさいして、天台本覚思想が大いに利用された。そこには、天台本覚思想の現実肯定の論が日本的思考に合致したということも関係していよう。なおまた、時代が現実への積極的な対応の傾向にあり、そういうことで現実肯定的な天台本覚思想が活用されたということもできよう。

さて法然は、承久の乱以前の末世的様相の残存した時代に活動した人物として、現実否定の思想を強く打ちだした。現実の世界は無常・有限であり、悪苦にみちている。それが、現実の事実のすがたである。末法の世になれば、その色を一段と濃くするにいたる。法然は、そのような現実に関心を持ち、そのような現実の救済に力をそそいだ。ここから法然は、現実救済に最も適応したものとして浄土念仏を取りあげ、ひいては天台本覚思想から去るにいたった。

いま、凡夫と仏、娑婆と浄土ということで説明すると、天台本覚思想は凡夫と仏、娑婆と浄土の二元対立を突破・超越したところ（仏凡一体・娑婆即浄土）に、真の絶対的な仏、永遠の浄土がつかまれるとした。そこからふり返っては、現実の凡夫のすがたは絶対的な仏の現われとして仏と等しいと肯定し、現実の娑婆の当処に浄土が感得されると主張した。それにたいして、法然は有限・悪苦の現実の事実相に立って、凡夫と仏、娑婆と浄土を峻別し、仏ないし浄土を来世の彼岸に対置するにいたった。そこから、仏の救済の願力にすがって、すみやかに来世の浄土に往生《おうじょう》するよう、説きすすめるにもいたる。

ところが法然以降の時代になると、現実への積極的な歩みも手伝って、再び現実肯定的な天台本覚思想が顧みられるようになる。たとえば法然の門下において、師の法然が捨てた天台本覚思想を再び浄土念仏の中に取りこむ者が出てくる。そこで浮びあがってくるのが、第二次鎌倉新仏教の祖としての親鸞であり、道元・日蓮たちである。

かれらは、哲理としては天台本覚思想の絶対的一元論を無視することはできず、現実における実践ないし救済としては、法然の浄土念仏の相対的二元論を否定することはできなかった。時代は現実への積極的な対応の傾向にあったとはいえ、新時代の誕生には生みの悩みはつきものであり、内部的な矛盾をはらむものである。また、いかなる時代にしろ、現実の人生は有限・無常であり、人間は煩悩・悪苦にみちた凡夫である。これが、事実のすがたである。このような現実の事実相を直視したときには、法然の浄土念仏の相対的二元論を否定することはできない。しかし、哲理的な高度性ということからすれば、たしかに天台本覚思想の絶対的一元論が最も高度なものである。こうして親鸞・道元・日蓮たちは、天台本覚思想と浄土念仏思想、絶対的一元論と相対的二元論、哲理と実践ないし救済、現実肯定と現実否定の両者の間にはさまれて思想的に苦悩することになる。

この両者の間にはさまれて思想的に苦悩した親鸞・道元・日蓮たちは、苦悩のはてに、それぞれ独自な形で両者を止揚・統一するにいたる。これが、それぞれに特色ある新仏教運動を展開させることにもなったのである。いま、さきにあげた凡夫と仏ということについて、それぞれの止揚・統一のしかたを説明すると、親鸞は、直接には法然の浄土念仏を受けたものとして、凡夫と仏を峻別した。しかし、凡夫性にたいする実存的凝視ないし悲嘆のはてに、絶対的な仏に包まれ、救われていることを主張した。親鸞に煩悩即菩提・仏凡不二の説が見られるところである。そこには、天台本覚思想の絶対的一元論が取りこまれている。このような親鸞の立場を規定づけるなら、「相対の上の絶対」ということになろう。

いっぽう道元および日蓮は、哲理としては天台本覚思想の絶対的一元論を根底に持った。基底には、仏凡一体の思想が見られるところである。しかし、現実面ないし実践面においては天台本覚思想を捨てて、凡夫と仏を別立した。そこには、法然の浄土念仏の相対的二元論が関与しているといえよう。

つまり、天台本覚思想は哲理としての仏凡一体をそのまま現実にあてはめ、凡夫そのまま仏と肯定し、ひいては現実の事実相に反するものとなり、また実践ということが霧散してしまうことになった。それにたいして道元・日蓮は、現実面においては凡夫は仏ではないけれども、根底においては絶対的な仏のもと仏凡一体なのであるから、その仏を現実の凡夫の上に生かし、表わすよう努力すべきであるとしたのである。こうして、実践を回復するにいたる。このような立場を規定づけるなら、「絶対の上の相対」となろう。ちなみに、道元は、現実の凡夫の上に仏を具現することを「現成《げんじょう》」と称し、そのような実践を「本証妙修《ほんしょうみょうしゅ》」とか「証上の修」と名づけた。

道元と日蓮とは、基本的立場は同じといえよう。ただし、実践のありかたにおいて、違いが見られる。道元は、あくまで個の主体的実践に徹したのにたいし、日蓮は、それを社会化させ、歴史変革的・社会改革的な方向に実践をおし進めていった。道元は『正法眼蔵』の中に経典としては最も多く『法華経』を引用しており、また伝えるところによれば、死に瀕する病気におちいったとき、『法華経』の一節を口に唱えながら部屋をめぐり歩き、唱え終っては、その部屋を「妙法蓮華経庵」と名づけたという。その点、日蓮と同様に法華信奉者の一人といえるが、しかし主体的個の確立ないし実践に徹したところには、曹洞禅を日本にもたらした禅者の風貌が、そこににじみ出ているといえよう。いっぽう、日蓮が社会改革的な実践をおし進めたところには、日蓮の弾圧や迫害など波乱にみちた人生が関係しているといえよう。

ともあれ現今は、宗派意識を捨て、諸師を共通の場に置いて比較・検討すべき時である。また、そうすることによって、諸師それぞれの特色が、かえって浮きぼりにされよう。最後に、親鸞・道元・日蓮それぞれにおける天台本覚思想の絶対的一元論と法然の浄土念仏の相対的二元論の止揚・統一のしかたを図示して、筆をおくことにする。

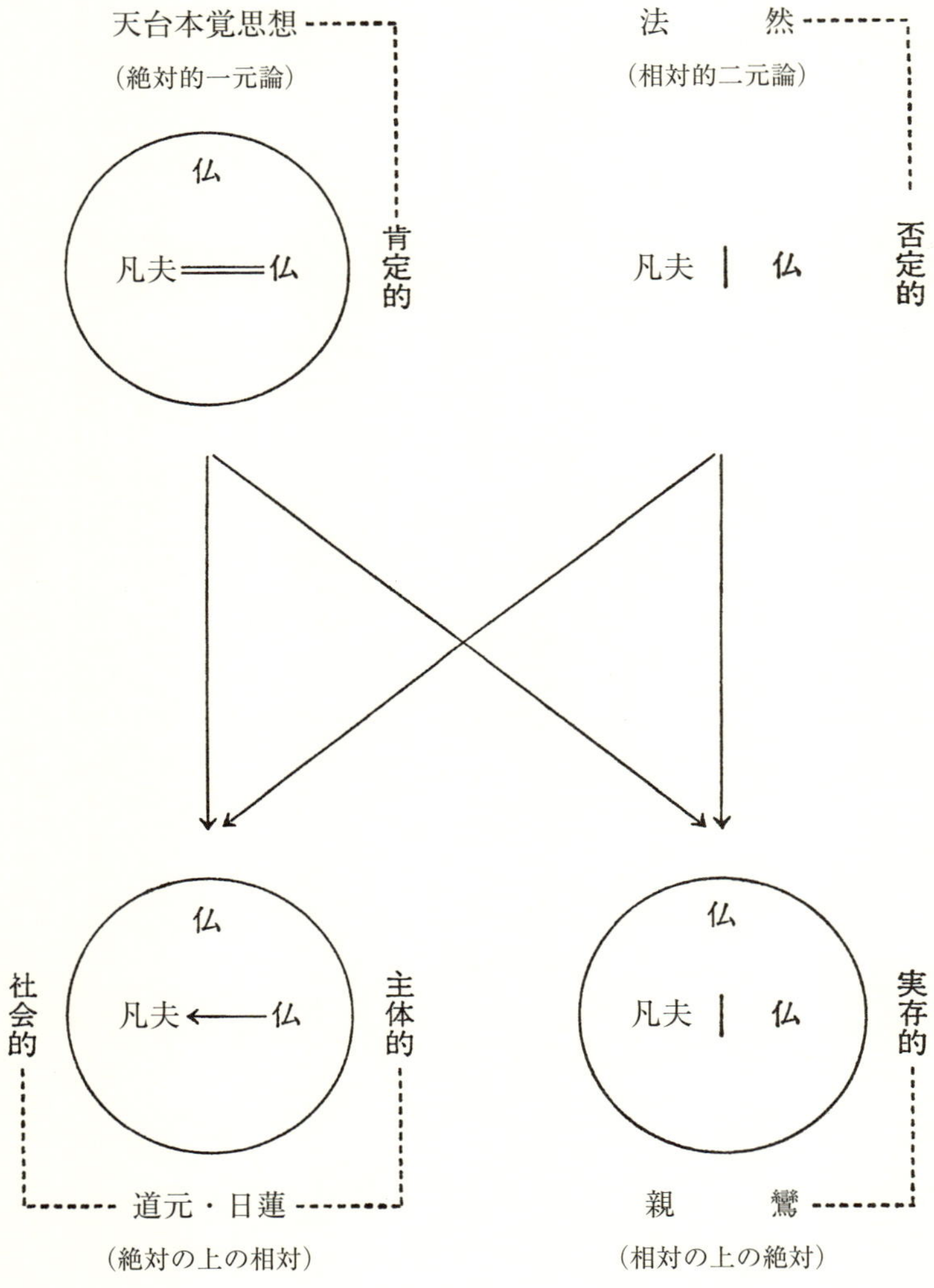
天台本覚思想
（絶対的一元論）
仏
凡夫――仏
肯定的
法　然
（相対的二元論）
凡夫｜仏
否定的
仏
社会的
凡夫←仏
主体的
道元・日蓮
（絶対の上の相対）
仏
凡夫｜仏
実存的
親　鸞
（相対の上の絶対）

日蓮略年譜

元号	西暦	年齢	日蓮関係事項	仏教関係事項	一般事項
承久三	一二二一				承久の乱、後鳥羽・土御門・順徳、三上皇配流
貞応元	一二二二	一	千葉県安房郡小湊に生れる(伝二月十六日)	法然没後十年、栄西没後七年、親鸞五〇歳、道元二三歳	
二	一二二三	二		道元、明全たちと入宋	運慶没。『海道記』
元仁元	一二二四	三		親鸞『教行信証』執筆。念仏禁止	北条義時没(六二歳)。泰時執権
嘉禄三	一二二七	六		念仏禁止、隆寛・幸西流罪。道元帰国。俊芿没(六二歳)	
寛喜三	一二三一	一〇			土御門上皇、阿波に没
貞永元	一二三二	一一		高弁(明恵)没(六〇歳)	『御成敗式目』
天福元	一二三三	一二	清澄入山、道善房に師事	道元、深草に興聖寺を開く。親鸞このころ東国より京都に帰る	
嘉禎元	一二三五	一四			藤原定家『明月記』
三	一二三七	一六	出家し、是聖房と名のる	懐弉『正法眼蔵随聞記』編	
暦仁元	一二三八	一七	鎌倉に遊学し、念仏・禅を学ぶ	浄光、鎌倉に大仏建立	

延応元	一二三九	一八			後鳥羽上皇、隠岐に没
仁治三	一二四二	二一	清澄に帰り、『戒体即身成仏義』を著わす。ついで叡山に留学、俊範につく	九条道家、円爾弁円を東福寺(一二五五、完成)に招く	泰時没(六〇歳)。順徳上皇、佐渡に没
寛元元	一二四三	二二		道元、越前に去る	『東関紀行』
四	一二四六	二五		道元、大仏寺を永平寺と改称。蘭溪道隆、宋より来日	江馬(名越)光時、執権時頼打倒に失敗、伊豆流罪
建長三	一二五一	三〇	このころ諸寺諸山を見学		
五	一二五三	三二	清澄に帰り、研究成果を発表(四月二十八日)。地頭の東条景信のために故郷を追われ、鎌倉に来る	道元、京都で没(五四歳)、『正法眼蔵』完成。道隆、建長寺の開山となる	前年、『十訓抄』 このころ『源平盛衰記』
六	一二五四	三三	このころ日蓮と改名	慶忍『新絵因果経』	橘成季『古今著聞集』
正嘉元	一二五七	三六	天災地変に疑問、研究をやりなおす	親鸞『正像末法和讃』『一念多念文意』	鎌倉大地震。天災地変、続出
正元元	一二五九	三八	疑問を解決、『守護国家論』作成		飢饉・疫病・餓死・病死たえず
文応元	一二六〇	三九	『立正安国論』を作成、前執権の時頼に進呈(七月十六日)。鎌倉の草庵が夜襲され、難を下総にさける	兀庵普寧、来日し、建長寺に住す	フビライ、蒙古第五代の帝位につく
弘長元	一二六一	四〇	捕えられて伊豆流罪(五月十二日)		北条重時没(六四歳)

二	一二六二	四一	『教機時国鈔』『顕謗法鈔』を作し、教・機・時・国・序の五綱判を創唱	親鸞、京都に没(九〇歳)。西大寺叡尊、鎌倉に来る	
三	一二六三	四二	伊豆流罪を赦免(二月二十二日)		北条時頼没(三七歳)
文永元	一二六四	四三	帰郷。小松原で景信に襲われ、頭に傷、門下一名は討死(十一月十一日)		北条長時没(三五)。このころ北条実時、金沢文庫を開く
三	一二六六	四五	房総地方を巡教。『法華題目鈔』作成	良観忍性、極楽寺に住する	
五	一二六八	四七	『安国論御勘由来』を作成、進言	凝然『八宗綱要』	蒙古の国書到来。北条時宗執権
六	一二六九	四八	『安国論奥書』『法門可被申様之事』作成	大休正念、来日。志盤『仏祖統記』	再び国書到来
八	一二七一	五〇	六月、ひでりに対する祈雨の事をはさんで良観忍性と対決七月、行敏に訴えられる。九月十二日、逮捕・尋問され、佐渡流罪と決定。十三日の未明、一時預りの相模依智へ送られる。途中、龍口で斬首にあいかける。十月三日、投獄された五人の門下へ『五人土		蒙古、使を三たびよこす。朝廷、伊勢神宮に勅使を送り、蒙古退治を祈る。蒙古、国号を元とする。マルコ・ポーロ、東方旅行

			籠御書』、九日、日朗へ『土籠御書』。十日、衣智を立ち、二十一日、越後・寺泊に着く。『寺泊御書』作。二十八日、佐渡に到着。翌月一日、塚原の草堂に住む		
文永九	一二七二	五一	一月、念仏者と問答。二月、『開目抄』作。三月、『佐渡御書』作。四月、一谷に移される	大谷・本願寺創建	二月、北条時輔の乱
一〇	一二七三	五二	四月二十五日、『観心本尊抄』成る		このころ『吾妻鏡』前半部成る
一一	一二七四	五三	前年十二月、虚御教書事件おこり、それについて一月、『法華行者値難事』を作。二月十四日付で赦免状が出され、三月八日佐渡に届く。十三日、佐渡を立ち、二十六日鎌倉に帰る。四月八日、幕府の質問を受け蒙古襲来の近いことを答え、諫言するが、聞かれず、ついに断念し、五月十二日、鎌倉を立ち、十七日、身延に	一遍、時宗を開く	四月十二日、大風。十月五日、蒙古・高麗連合軍、合わせて二万五千が対馬・壱岐を侵し、ついで博多付近に上陸。台風のため退散(文永の役)

			着き、退隠生活にはいる。入山後まもなく『法華取要抄』をまとめて、本尊・戒壇・題目の三秘法を説く		
建治元	一二七五	五四	『撰時抄』を著わす。未来記の一種		蒙古の使を竜口で斬る
二	一二七六	五五	三月、道善房死去。七月二十一日、『報恩抄』を作し、師の墓前に捧ぐ		幕府、筑前の海岸に石塁を築かせ蒙古襲来に備う
三	一二七七	五六	六月、弟子の三位房日行と信徒の四条金吾が天台僧の龍象房と問答(桑ヶ谷問答)。四条金吾、主君の江馬氏から改信をせまられ、日蓮代って弁明(『頼基陳状』)。十二月ごろから冷えのため下痢症状となる		
弘安元	一二七八	五七	四月、三たび流罪のうわさ立つ	蘭溪道隆没(六六歳)	
二	一二七九	五八	駿河方面に布教していた日興および日興に教化された日秀たち、かれらに教化された信徒たちに迫害の手がのび、八月、弥四郎なる信徒、打ち首。	無学祖元、時宗の招きで来日、建長寺に住す。無住一円『沙石集』を起稿	蒙古の使、筑紫に来るが、再び斬る

三	一二八〇	五九	九月、熱原の農民信徒二十名、逮捕される。日蓮、弁明書や激励書を作る。十月、神四郎ら三人は斬罪、十七人は禁獄（熱原の法難） 十二月、『諫暁八幡抄』を著わし、国王・国神などに批判を加え、警世の言となす	円爾弁円没（七九歳）	阿仏尼『十六夜日記』 十一月十四日、鶴岡八幡宮炎上。朝廷、蒙古退治の祈禱を命じ、幕府は沿岸警備を命ず
四	一二八一	六〇	十一月、門下の願いをいれ、草庵を改造。十二月に入って身延の冬の厳しさと冷えによる下痢の慢性化のため、衰弱その極に達する。供養の酒で体を暖めたりして、やっと年をこす		六月、蒙古・中国・高麗の連合軍（東路軍）四万と旧南宋の江南軍十万とが襲来、対馬・壱岐・志賀島・長門を侵す。博多侵入を試みるが、日本軍の防戦と台風のため敗退（弘安の役）
五	一二八二	六一	病状はかばかしくなく、まわりのすすめもあって九月八日、常陸の湯に身を養うために身延を下山する。十八日、池上宗仲の邸（今の池上本門寺）で休息。十月八日、臨終せまるを感じ、日昭・日朗・日興・日向・日頂・日持を本弟子（六	時宗、円覚寺を建て、無学祖元を開山とし、敵味方戦没者の冥福を祈る	

老僧)と定め、後事を託す。十三日辰の刻(午前八時)息をひきとる。十四日子の刻(夜十二時)葬送の儀。十九日、遺骨池上を立ち、身延に向かう

参考文献

日蓮没後、遺文の収集に努力がはらわれ、内容別に、あるいは年代順に、編集・刊行が試みられてきたが、近年になって日蓮遺文にたいする文献考証が一段と進み、考証の成果に基づいての編集・刊行がなされるにいたった。現在、学界においても権威あるものとして用いられている遺文集を二種あげておく。

一、加藤文雅・稲田海素校訂『日蓮聖人御遺文』（霊艮閣・縮刷遺文） 祖書普及期成会 明37初版、山喜房仏書林 昭47再版
二、立正大学日蓮教学研究所編『昭和定本日蓮聖人遺文』全四巻 身延久遠寺 昭27—34

日蓮遺文にたいする注釈・現代語訳・文献考証など、主なものを次に列記する。

一、六百五十年遠忌報恩記念会編『日蓮聖人御遺文講義』全十八巻 日蓮聖人遺文研究会 昭6—7（昭33再刊）
二、兜木正亨・新間進一校注『日蓮集』（日本古典文学大系82） 岩波書店 昭39
三、戸頃重基・高木豊校注『日蓮』（日本思想大系14） 岩波書店 昭45
四、兜木正亨校注『日蓮文集』 岩波文庫 昭43
五、田村芳朗編『日蓮集』（日本の思想4） 筑摩書房 昭44
六、紀野一義編『日蓮』（日本の名著8） 中央公論社 昭45
七、浅井要麟『日蓮聖人教学の研究』 平楽寺書店 昭20

八、鈴木一成『日蓮聖人遺文の文献学的研究』　山喜房仏書林　昭40

日蓮没後、諸種の伝記類が著わされたが、伝説に富み、潤色が多かった。そのため、近年にいたり、確かな日蓮遺文を材料として、客観的に日蓮の生涯を見ていこうとする努力がなされ、そういう角度から、いくつかの日蓮伝が作成された。主なものは、次のごとくである。

一、姉崎正治『法華経行者日蓮』　博文館　大5初版
二、山川智応『日蓮聖人』　新潮社　昭18
三、大野達之助『日蓮』　吉川弘文館　昭33
四、高木豊『日蓮とその門弟』　弘文堂　昭40　同『日蓮――その行動と思想』　評論社　昭45
五、戸頃重基『日蓮という人――その虚像と実像』　至誠堂新書　昭41
六、田村芳朗『予言者の仏教――立正安国論』　筑摩書房　昭42
七、宮崎英修『日蓮とその弟子』　毎日新聞社　昭46

日蓮思想の特色を論じたものとしては、次のような書物があげられる。

一、山川智応『法華思想史上の日蓮聖人』　新潮社　昭9　同『日蓮聖人の研究』二巻　新潮社　昭4
二、馬田行啓『日蓮聖人の宗教及び哲学』　明治書院　昭19
三、望月歓厚『日蓮教学の研究』　平楽寺書店　昭33
四、戸頃重基『日蓮の思想と鎌倉仏教』　冨山房　昭40
五、勝呂信静『日蓮思想の根本問題』　教育新潮社　昭40
六、望月歓厚編『近代日本の法華仏教』　平楽寺書店　昭43

七、宮崎英修・茂田井教亨編『日蓮聖人研究』平楽寺書店　昭47
八、茂田井先生古稀記念『日蓮教学の諸問題』平楽寺書店　昭49
日蓮没後の教団史・教学史を知るには、次のごとき書がある。
一、影山堯雄『日蓮教団史概説』平楽寺書店　昭34
二、日蓮教学研究所編『日蓮教団全史・上』平楽寺書店　昭39
三、執行海秀『日蓮宗教学史』平楽寺書店　昭27
四、望月歓厚『日蓮宗学説史』平楽寺書店　昭43
五、影山堯雄『日蓮宗布教の研究』平楽寺書店　昭50
なお、日蓮をめぐっての総括的な知識を得るには次の書が便である。
坂本日深監修、田村芳朗・宮崎英修編集『講座日蓮』五巻　春秋社　昭47—48
㈠『日蓮と法華経』㈡『日蓮の生涯と思想』㈢『日蓮信仰の歴史』㈣『日本近代と日蓮主義』㈤『日蓮語録』
遺文の語句についての辞書として、次のものがある。
師子王文庫編『本化聖典大辞林』全三巻　師子王文庫　大9初版（昭35再刊）

『日蓮　殉教の如来使』を読む

末木文美士

戦後の日本仏教研究は、ほとんどが史学畑の研究者によって推進された。家永三郎・井上光貞・赤松俊秀・高木豊・大隅和雄・黒田俊雄など、錚々たる名前を直ちにあげることができる。それに対して、仏教学系の研究者はきわめて数が限られていた。仏教学出身で、親鸞研究で知られる松野純孝先生が、「ずいぶん肩身の狭い思いをした」と述懐されたことがあったが、実際そんな情勢であったようだ。戦前には、村上専精から始まり、島地大等・花山信勝など、仏教学の研究者がかなり重要な位置を占めていたのに比べると、その断絶は大きい。その理由はまだ十分には解明されていないが、一つには、仏教学の研究者が戦争協力から立ち直れず、その中で、危険な日本仏教研究を切り捨てて、インド研究を前面に押し出したということがあったかもしれない。それに対して、史学畑はいち早く皇国史観を捨てて、唯物史観や民衆史観に乗り換えることで、華々しい成果を上げることができた。

もっとも仏教学畑の研究者が全くいなかったわけではない。古田紹欽・石田瑞麿・田村芳朗など、仏教学のほうから日本仏教に関する広い範囲の研究を進め、大きな成果を挙げている。ただ残念なことに、史学系の研究者の華やかな活躍の前に、必ずしも十分に噛みあった議論とならず、影響力も限定的であった。その一つの理由は、後継者の育成が十分にできる機関がなく、研究史的な蓄積が成立しにくいところにあった。

そのようなわけで、東京大学の印度哲学（現、インド哲学仏教学）専修課程に日本仏教専門の講座が設けられ、田村芳朗先生が一九七四年に教授として赴任されたことは、画期的な意味を持つことであった。私はその第一期生として指導を受けられたことを、はなはだ誇らしく思っている。やはり思想史的な研究は、仏教学の基礎があってはじめてできることで、それは史学系の研究者には成し得ないことである。今日仏教学の立場からの研究が次第に成果を重ねつつあることは、喜ばしいことであり、先駆者としての田村先生の努力が、ようやく少しずつ実を結びつつあるように思われる。

田村先生の業績というと、まず本覚思想研究が挙げられるであろう。博士論文をもとにした大著『鎌倉新仏教思想の研究』（平楽寺書店、一九六五）は、いわゆる鎌倉新仏教を直接のテーマとして、京都学派の哲学や天台の開会の思想など、多岐にわたる問題を扱うが、その核心はやはり鎌倉新仏教の共通の背景として本覚思想を大きく取り上げたことにあった。

近代における本覚思想の研究は、島地大等によって本格的に手を付けられ、硲慈弘らによって深められた。田村先生はその次の世代に属するが、その研究の特徴は、博士論文の問題設定からも知られるように、本覚思想を鎌倉新仏教との関係を含めて、広い視野から見直し、その重要性を指摘したことにあろう。それと同時に、仮託の口伝書が多いために、扱いに困難を極める本覚思想関係の諸文献を整理し、その成立年代を想定して、発展段階を明確化したことで、はじめて研究者は安心して本覚思想を扱うことが可能になった。田村先生が中心になって、『日本思想大系9　天台本覚論』（岩波書店、一九七三）が編集され、主要テクストが校訂出版されたことで、狭い範囲の専門家を超えて、誰でも本覚思想文献を読むことができるようになった。田村先生の手になる同書の解説は、『鎌倉新仏教思想の研究』ではやや錯綜していた議論を整理し、本覚思想に関する概説として、これ以上ない優れたものになっている。

田村先生の研究によって、本覚思想は一躍注目されることになった。黒田俊雄は、顕密体制のイデオロギー的根拠としての本覚思想に注目し、袴谷憲昭は『本覚思想批判』（大蔵出版、一九九〇）を著わして、議論を惹き起こした。また、ジャクリーヌ・ストーンやルーベン・アビトらの英文の著作も出版された。田村先生によって着手された文献の成立年代をめぐる検討は、花野充道によって批判的に深められている。

＊

田村先生の本覚思想研究は、決して知的関心だけからのものではなく、篤い『法華経』と日蓮の信仰に基づいている。軍隊にとられた時、「『法華経』と天皇とどちらが大切か」と問われて、「天皇」

と答えざるを得なかったことが、深い傷となったことは、何度かうかがった。戦後、復員して大学に戻ると同時に、生活のために千葉県で教員をしていたが、その頃法華宗（本門流）の僧籍を得たと聞いている。しかし、先生は余りそのことは詳しく話したがらず、むしろ特定の宗門に縛られることなく、自由な立場で信仰と研究を深めることを願っていたようだ。

じつは本覚思想の研究は、日蓮宗の教学で重要な問題となっていた。もともと日蓮遺文には本覚思想の影響の大きいものと、その影響がほとんど見られないものがあり、その落差が大きい。真蹟の残っているものは、本覚思想の影響が少ない。近代的、批判的な日蓮研究の基礎を作った浅井要麟はこの点に注目し、本覚思想の影響の大きい遺文は偽書の可能性が高いと見て、本覚思想との関係を遺文の真偽判定の基準とした（『日蓮聖人教学の研究』平楽寺書店、一九四五）。おそらく田村先生が本覚思想の研究に進んだのは、そのような動機があったのであろう。

そんなわけで、田村（以下、敬称略）の研究は日蓮を基点としながらも、狭い範囲に閉じこもるのではなく、その源流に遡ったり、関連する問題に広がっていった。一般向けの本でも水準を落とさず、新しい研究状況を踏まえながら、明快に論じていくところに特徴があり、名著として読み継がれているものが多い。『法華経』（中公新書、一九六九。中公文庫、二〇〇二）、『絶対の真理　天台（仏教の思想5）』（梅原猛と共著。角川書店、一九七〇。角川文庫、一九九六）、そして本書『日蓮　殉教の如来使』（初版、ＮＨＫブックス、一九七五）など、私も学生時代から繰返して愛読してきている。

さて本書であるが、全六章にわたって日蓮の生涯と思想の変化をたどり、その近代における影響にまで及ぶ。本書もまた、きちんとした文献考証を踏まえながら、非常に明快で、読みやすい。それ故、内容を要約整理して、ここに改めて紹介する必要はないであろう。そこで、ここでは本書を読む上で、この点に着目すると全体の流れがよく分かるというポイントを絞って、三点挙げることにしたい。

第一に、田村の研究は、浅井要驎に出発する近代的な批判的研究を受け、とりわけ戦後の研究状況の中で書かれたものである。戦前の日蓮思想というと、狂信的な国家主義が思い浮かべられるかもしれないが、決して学術的にしっかりした研究が疎かにされていたわけではない。国柱会の田中智学の弟子山川智応のように、きちんとした文献考証に立脚した優れた研究がなされていた。しかし、全体として国家主義的な傾向が支配的であったことは誤りない。それが戦後になると、浅井の実証的な文献研究などを踏まえながら、戦前の国家主義的解釈を覆し、民主主義的、あるいは民衆主義的な立場に立つ日蓮解釈が盛んになった。それを代表する研究者は戸頃重基である（『日蓮の思想と鎌倉仏教』冨山房、一九六五など）。田村は戸頃ほどラディカルではないが、遺文の実証的な研究を踏まえたリベラルな立場と見ることができる。それ故、日蓮を極力国家主義的な見方から切り離し、一人の宗教者としての思想の変遷を追っている。戦後の日蓮研究のうちでも、きわめて良心的で、質の高いものということができる。

第二に、先に述べた鎌倉新仏教と本覚思想の関係が常に底辺の問題としてあり、そこから日蓮の位置づけを見ようとしている。本書中には、本覚思想に関して詳細な説明はない。しかし、じつは最後の最後に、きわめて簡略的確に田村の本覚思想論の要点がまとめられている。即ち、Ⅵ「日蓮の継承者」の「日蓮と鎌倉諸師」の項（二〇二―二〇九頁）である。本書をはじめから読んでくると、次々に展開されるその新鮮な論述に刺激を受けて、もう満腹状態となり、うっかりいちばん最後のあたりは飛ばしてもよさそうに思ってしまうかもしれない。しかし、この最後の数ページに田村の本覚思想論と鎌倉新仏教論のエッセンスが、きわめて凝縮されて述べられているので、ぜひ熟読していただきたい。

田村によれば、本覚思想は、「二元相対的な考えを突破・超越して不二絶対の世界を究明したもので、ひいては現実のいっさいを本来の覚性（本覚）の現われとして肯定するにいたった」（二〇四頁）ものである。それに対して、法然・栄西らの第一次的な鎌倉新仏教（特に法然）は、仏と凡、現世と浄土を二元的に対立させて、新しい実践性を獲得する。しかし、その次にくる親鸞・道元・日蓮らになると、再び哲理として深い本覚思想の一元論を無視することができず、それと法然的な二元論を調和させることが課題となり、それだけ複雑な思想が展開されることになる。

即ち、日蓮は「絶対の上の相対」という立場を取り、その点で道元に似ているというのである。ただ、道元が「個の主体的実践に徹したのにたいし、日蓮は、それを社会化させ、歴史変革的・社会改革的な方向に実践をおし進めて行った」（二〇八頁）ところに特徴があるという。日蓮も最初は天台僧として、本覚思想的な一元論から出発しており、それが法然の二元論と対決する中で、次第に変わっていったと考えられる。

第三に注目されるのは、この一元論対二元論という図式とともに、もう一つ、「浄土」という観点から、「ある（在る）浄土」「なる（成る）浄土」「ゆく（往く）浄土」という三つを区別していることである。浄土というと、直ちに阿弥陀仏の極楽世界のことであるかのように考えがちであるが、それは浄土の一つの形態であり、もともとは仏教的な意味での理想世界を意味する。

「ある浄土」は、「時間・空間のへだたりを突破・超越した絶対浄土で、積極的にいえば、ただいま、ここにおいて感得される浄土である」（五八頁）。「なる浄土」は、「現実社会の中に浄土を実際に成就することであり、実現することである」（同）。日蓮は、最初、本覚思想的な「ある浄土」から出発したが、伊豆流罪以後の四十歳代には、「現実に批判的、対決的となり、ひいては現実変革を通しての浄土の具現化を意図するようになる」（同）。即ち、「なる浄土」である。しかし、「佐渡流罪から身延退隠にかけての五十歳代になると、死にたいする覚悟が契機となって、浄土が来世に立てられてくる」（五九頁）。即ち、「ゆく浄土」である。

このように、浄土の見方という点から、日蓮の思想の変遷を見たのは田村の独創であり、きわめて注目されるところである。このような問題設定をすれば、日蓮の思想を浄土教なども共通の地盤で見ることができ、広い視野に置くことができる。ちなみに、田村自身も、若い頃の「ある浄土」「なる浄土」の立場から、晩年には「ゆく浄土」が親しく感じられると述懐していた。

＊

以上、本書を読む際のヒントを少し記してみた。しかし、本書はこのような抽象的な概念を振り回すわけではなく、むしろそれを背後に置きながら、日蓮の生涯をさまざまなエピソードを交えて、生き生きと描いていくところに本領がある。慈愛に満ちた信者への手紙を多く引きながら、苦難と喜びに満ちた日蓮の人間的な魅力を十二分に伝えている。その点は、読者がそれぞれ味読していただきたい。

最後に、田村以後、近年の日蓮研究の動向について、簡単に触れておきたい。上述のように、田村は戦後のリベラルで批判的な日蓮研究を代表し、本書はそれをもっともよく表している。日蓮の遺文に関しては、真蹟のあるものを中心として、確実な真撰書のみ用いて、疑惑のあるものを使わないという合理的な方針で一貫している。

しかし、それほど単純に真偽が分けられるかというと、いささか疑問がある。真偽未詳とされる遺文についてもさらに検討する必要があるのではないか、という問題は、花野充道らによって提示されている。花野は本覚思想文献の再検討を進め、それに伴って、関連する日蓮の著作の真偽にも、新しい視点を提示し、田村の本覚思想論や日蓮論に異議を提示している（『天台本覚思想と日蓮教学』山喜房佛書林、二〇一一）。また、日蓮の政治観や国家論に関しては、佐藤弘夫・佐々木馨らによって研究が進められ、戦後の研究の問題点が指摘されている（佐藤『日蓮』ミネルヴァ書房、二〇〇三など）。例えば、『立正安国論』の読み方についても、誤読があったのではないかと考えられ、さらに立ち入って検討する必要があることが明らかになっている。私自身の日蓮に関する小著も、田村の研究を基礎としながら、それを乗り越えようと志したものである（『増補・日蓮入門』ちくま学芸文庫、二〇一〇）。

こうして今日、戦後の日蓮研究からさらに脱皮して、その次の段階に移ろうとしている。しかし、そのような状況の変化にもかかわらず、田村の日蓮研究は、今日でももっとも基本的な出発点であることは変わらない。それをもとに再検討し、検証していくことが今日の課題となっているのである。

なお、新しい日蓮研究を集大成した論集として、小松邦彰他編『シリーズ日蓮』全五巻（春秋社、二〇一四―一五）があるので、関心を持たれる方はご参照いただきたい。

（国際日本文化研究センター名誉教授）

本書の原本は、一九七五年に日本放送出版協会より刊行されました。

著者略歴
一九二一年　大阪市に生まれる
一九四三年　東京帝国大学文学部梵文学印度哲学
　　入学　応召を経て
一九五四年　同大学院（旧制）修了
　　東洋大学教授、東京大学教授、立正大学教授
　　を歴任
一九八九年　没

〔主要著書〕
『鎌倉新仏教思想の研究』（平楽寺書店、一九六五年）、
『法華経』（中公新書、一九六七年、中公文庫、二〇〇二年）、
『日本仏教史入門』（角川書店、一九七〇年）、『田村芳
朗仏教学論集』１・２（春秋社、一九九〇・九一年）

読みなおす日本史

日蓮
殉教の如来使

二〇一五年（平成二十七）十一月一日　第一刷発行

著　者　田《た》村《むら》芳《よし》朗《ろう》
発行者　吉川道郎
発行所　株式会社吉川弘文館
郵便番号一一三—〇〇三三
東京都文京区本郷七丁目二番八号
電話〇三—三八一三—九一五一〈代表〉
振替口座〇〇一〇〇—五—二四四
http://www.yoshikawa-k.co.jp/
組版＝株式会社キャップス
印刷＝藤原印刷株式会社
製本＝ナショナル製本協同組合
装幀＝清水良洋・渡邉雄哉

ISBN978-4-642-06594-8

刊行のことば

現代社会では、膨大な数の新刊図書が日々書店に並んでいます。昨今の電子書籍を含めますと、一人の読者が書名すら目にすることができないほどとなっています。ましてや、数年以前に刊行された本は書店の店頭に並ぶことも少なく、良書でありながらめぐり会うことのできない例は、日常的なことになっています。

人文書、とりわけ小社が専門とする歴史書におきましても、広く学界共通の財産として参照されるべきものとなっているにもかかわらず、その多くが現在では市場に出回らず入手、講読に時間と手間がかかるようになってしまっています。歴史の面白さを伝える図書を、読者の手元に届けることができないことは、歴史書出版の一翼を担う小社としても遺憾とするところです。

そこで、良書の発掘を通して、読者と図書をめぐる豊かな関係に寄与すべく、シリーズ「読みなおす日本史」を刊行いたします。本シリーズは、既刊の日本史関係書のなかから、研究の進展に今も寄与し続けているとともに、現在も広く読者に訴える力を有している良書を精選し順次定期的に刊行するものです。これらの知の文化遺産が、ゆるぎない視点からことの本質を説き続ける、確かな水先案内として迎えられることを切に願ってやみません。

二〇一二年四月

吉川弘文館